Gerhard Ziener

**Herausforderung Vielfalt**
Kompetenzorientiert unterrichten zwischen
Standardisierung und Individualisierung

**Klett | Kallmeyer**

Bibliografische Information der Deutschen Nationalbibliothek
Die Deutsche Nationalbibliothek verzeichnet diese Publikation in der Deutschen Nationalbibliografie; detaillierte bibliografische Daten sind im Internet über http://dnb.d-nb.de abrufbar.


Impressum
Gerhard Ziener
Herausforderung Vielfalt
Kompetenzorientiert unterrichten zwischen
Standardisierung und Individualisierung

1. Auflage 2016
© 2016. Kallmeyer in Verbindung mit Klett
Friedrich Verlag GmbH
D-30926 Seelze
Alle Rechte vorbehalten.
www.friedrich-verlag.de

Redaktion: Dirk Haupt, Leipzig
Illustrationen: Judith Mörschbach
Realisation: Matthias Schiller
Druck: BELTZ Bad Langensalza GmbH, Bad Langensalza
Printed in Germany

ISBN: 978-3-7727-1016-2

Gerhard Ziener

# Herausforderung Vielfalt

Kompetenzorientiert unterrichten
zwischen Standardisierung und Individualisierung

Klett | Kallmeyer

# 5 Kompetenzorientiert und differenzierend Lehren und Lernen in der Praxis ............ 107

# 1 Einleitung

## 1.1 Die drei Mantras: Kompetenzorientierung zwischen Standardisierung und Individualisierung

Mehr als zehn Jahre sind inzwischen vergangen, seit der Zürcher Pädagoge Jürgen Oelkers in einem Vortrag über „Bildungsstandards und Schulentwicklung" die Einschätzung formulierte, Bildungsstandards schienen „zu einer Art Mantra für das Bildungssystem zu werden" (Oelkers 2004, S. 195). Zehn Jahre später liest sich dieser Satz von Jürgen Oelkers geradezu wie eine Prophezeiung. Es gibt mittlerweile kein Land mehr im deutschsprachigen Raum, das nicht in der Zwischenzeit seine bis dahin gültigen Lehr- oder Rahmenpläne umgestellt hätte auf Bildungsstandards. Im Zuge dieser Entwicklung entstand in den letzten zehn Jahren ein weites Feld an Diskussionen, das von der euphorischen Zustimmung bis zur entschiedenen Ablehnung reicht. Gleichzeitig ist den Lehrkräften ein beachtliches Erfahrungswissen zugewachsen: Bildungsstandards haben ihren Schrecken und ihre Fremdheit verloren, Lehrkräfte können sie lesen und verstehen. Aber wie sieht es aus mit ihrer Handhabung, sprich: ihrer Übersetzung in und ihrer Umsetzung im Unterricht?

An dieser Stelle ist ein zweites „Mantra", eine zweite Beschwörungsformel, zu nennen, und zwar auf der unterrichtspraktischen Ebene. Dies ist die Formel von der „Kompetenzorientierung". Die inzwischen in den unterschiedlichen Ländern veröffentlichten und verbindlich eingeführten Bildungsstandards, die die Form von Kompetenzbeschreibungen haben, eröffneten ein ganzes Feld von Mutmaßungen und Theorien, Fantasien und auch Befürchtungen, wodurch „kompetenzorientierte" Bildung, die durch Bildungsstandards erzielt und gesteuert werden soll, sich auszeichnen mag. Festzustehen scheint, dass die in der Schule angestoßenen und begleiteten Lernprozesse in irgendeinem Sinne zum Erwerb von Kompetenzen auf Seiten der Schülerinnen und Schüler – was auch immer damit gemeint sein mag – münden sollen. Hier scheint immer noch und immer wieder Klärungsbedarf zu bestehen: Ist es ein reiner Austausch von sprachlichen Etiketten, wenn an die Stelle von bisherigen Lern- und Bildungszielen nun schlicht „Kompetenzen" gesetzt werden? Ist es etwas anderes oder gar ein Verlust an Bildung? Müsste man womöglich ganz anders unterrichten, andere Methoden und Lernarrangements einsetzen und die Rolle der Lehrkraft überdenken, wenn das Lernen und seine Planung am Erwerb von Kompetenzen orientiert sein sollen?

Zu allem Überfluss ist in den letzten Jahren zu den beiden Beschwörungsformeln der „Bildungsstandards" und der „Kompetenzorientierung" ein drittes und letztes Mantra hinzugetreten, und zwar das der „Individuellen Förderung" und des „Individualisierten Lernens". Auch dieses dritte Mantra leitet sich aus den beiden vorangegangenen ab, aber es tritt gleichzeitig in eine besondere Spannung zu den beiden anderen Begriffen. Wer den Unterricht vor allem als Lehrtätigkeit versteht, stößt auf die unterschiedlichen Lernvoraussetzungen und -ergebnisse seiner Schülerinnen und Schüler womöglich erst im Zuge der

Leistungserhebung. Jeder und jede, der oder die die Schülerinnen und Schüler jedoch unter dem Blick ihrer Lern- oder Kompetenzentwicklung betrachtet und begleitet, stößt unweigerlich bereits zu Beginn der Unterrichtsplanung auf die individuellen Lernvoraussetzungen der Kinder und Jugendlichen. Insofern liegen Kompetenzorientierung und Individualisierung nahe beieinander. Gleichzeitig aber sind die Kompetenzen überindividuell formuliert; sie heißen ausdrücklich „Standards" und gelten damit prinzipiell für alle Schülerinnen und Schüler gleichermaßen. Wie soll das zusammengehen? Muss man sich nicht zwangsläufig entscheiden: Entweder gleiche Ziele bzw. das Gleiche für alle oder jedem das Maß an individueller Zielerreichung bis hin zur Zieldifferenz in inklusiven Lerngruppen?

Dieses Spannungsverhältnis wird sich wie ein roter Faden durch das vorliegende Buch ziehen. Es geht um die Frage der Kompetenzorientierung zwischen Standardisierung und Individualisierung. Übersetzt in die Sprache von Lehrkräften: „Allen Kindern und Jugendlichen meiner Lerngruppe dieselben Ziele zutrauen und ihnen gleichzeitig in ihrer jeweiligen Besonderheit gerecht werden – und das womöglich in großen Klassen! –, wie soll das gehen?"

Neben diesem roten Faden verläuft ein zweiter. Es ist dies die durchgängige Frage nach der Qualität des Unterrichts. Diese Frage ist nicht ausgelöst durch irgendwelche empirischen Befunde, etwa der mangelnden Unterrichtsqualität oder der häufig zu hörenden Einschätzung, Bildungsstandards seien in den Schulen „noch längst nicht angekommen". Nach Qualität zu fragen bedeutet vielmehr, das eigene Tun im Hinblick auf die Bedingungen, die Grundentscheidungen und die Wirksamkeit des eigenen Handelns zu reflektieren.

Kurzgefasst: Die vielfältigen und engagierten Bemühungen von Lehrkräften sollten sich irgendwann gelohnt haben. Jeder Lehrkraft ist dabei zu unterstellen, dass sie ihre Sache „gut" machen will. Doch wann ist es gut, was bringen wir mit, was lässt sich beobachten, welche Maßstäbe und Indikatoren lassen sich benennen, wie lässt sich Qualität steigern und entwickeln?

Damit ist ein dritter und letzter roter Faden angedeutet, der mehr zwischen den Zeilen, aber stets im Hintergrund mitlaufen wird. Gemeint ist die Rolle und Haltung der Lehrkraft. Lehren ist nur die eine Seite ihres Berufs. Lehrkräfte sind sicherlich Expertinnen und Experten darin, bestimmte Inhalte je nach dem Lernvermögen der Lernenden auf- und zuzubereiten. Das ist richtig und wichtig. Doch mindestens ebenso wichtig und richtig ist ein zweiter Satz, der durch den ersten bereits angedeutet wurde und keineswegs einen Gegensatz darstellt: Lehrkräfte benötigen neben der Expertise für das Lehren mindestens ebenso dringend die Expertise für das Lernen der Lernenden: dessen Voraussetzungen, seine „Logiken" und seine Gelingensbedingungen. In diesem Sinne sind Lehrerinnen und Lehrer nicht einfach *Lehr*kräfte, sondern mindestens ebenso *Lern*begleitungs- und -förderungskräfte. Dass das vorliegende Buch keine Anleitung für die sach- und schülergerechte Aufbereitung der unterschiedlichsten Fachinhalte sein kann, wird unmittelbar einleuchten. Es möchte vielmehr diesem zweiten Satz nachgehen, nämlich der Expertise für das Lernen, was bisweilen als *Mathetik* bezeichnet wird. Dabei gilt es allerdings zu unterscheiden zwischen dem historischen, reformpädagogischen Gebrauch des Begriffs der Mathetik wie bei Maria Montessori, John Dewey oder Célestine Freinet (vgl. Hentig 1985, S. 80 f.), und dem allgemeineren, hier gebrauchten Begriff, der auf die Ergänzungsbedürftigkeit einer reinen Didaktik als Kunst des Lehrens durch eine Mathetik als Kunst des Lernens abhebt.[1] Das Handwerk und die Profession der Lehrerinnen und Lehrer heißt jedoch nach wie vor Didaktik – aber unter Einschluss der Expertise für das Lernen: Didaktik und Mathetik sind nach dem hier vertretenen Verständnis komplementär, also auf einander angewiesen. Im Zentrum dieses Buches stehen deshalb keine anderen als die Lernenden, und zwar in einem doppelten Sinn. Lernende sind die Schülerinnen und Schüler, die nicht als zu Belehrende verstanden werden, sondern als das, was sie in Wahrheit sind, nämlich junge Menschen, die unablässig mit nichts anderem beschäftigt sind, als hinzuzulernen, sicher auch zu verlernen oder sich mit dem Lernen schwer zu tun. In einem zweiten Sinne handelt es sich bei der Zielgruppe um lernende Lehrpersonen, die wie kaum eine zweite Profession geradezu allergisch sind gegen jede Art der Belehrung, aber gar nicht anders können, als wieder und wieder nachzudenken über die eigene Praxis – und insofern, ganz wie die Schülerinnen und Schüler, unablässig hinzuzulernen.

## 1.2 Schule soll sich lohnen! – oder die Frage nach der Qualität

In keinen anderen Bereich investiert eine Gesellschaft so viele Ressourcen an Lebenszeit, geistiger Anstrengung und Fantasie, aber auch an Kraft für den Umgang mit enttäuschten Erwartungen, Versagensängsten und erlebten Kränkungen wie in die Schule, von den finanziellen Aufwendungen ganz zu schweigen. Deshalb ist es schon eine Frage der privaten wie der öffentlichen Ökonomie, wenn man die Hoffnung hegt, all dieser Aufwand möge nicht vergeblich gewesen sein und sich irgendwann gelohnt haben. Wenn Anstrengungen sich lohnen, nennt man sie effizient oder effektiv. Die Beteiligten haben das, was sie getan haben, richtig getan, und dabei im besten Falle auch noch das Richtige getan. Einfacher ausgedrückt war das, was getan wurde, qualitätsvoll oder einfach gut. Das heißt umgekehrt: Die Frage zu stellen nach der Qualität von Schule und dem, was in der Schule fortwährend organisiert wird, nämlich Unterricht, ist nicht etwa Ausdruck eines Misstrauens oder die Reaktion auf schlechte Befunde, sondern ein Grundbedürfnis aller am Schulleben Beteiligten. Schule und Unterricht verdienen Qualität. Darum muss Qualität festgestellt, gesichert und

---

[1] Andreas Müller (2008, S. 18 f.), Schulleiter des *Instituts Beatenberg*, spricht, noch pointierter, von einer „Autagogik" als einem „übergeordneten Konzept für selbstkompetentes, selbstwirksames Lernen" im Gegensatz zur „Pädagogik", die er mit der Tätigkeit des antiken Hausklaven vergleicht, der die Kinder außer Haus begleitete.

entwickelt werden. Nur: Von welcher Qualität reden wir da eigentlich und warum muss man die Qualitätsfrage immer wieder neu stellen?

## 1.3 Von welcher Qualität reden wir eigentlich?

An Untersuchungen, Befunden und klugen Analysen von Unterrichtsqualität herrscht kein Mangel. Dennoch oder gerade deshalb fällt es Menschen, die in der Schulpraxis stehen, gar nicht leicht, über ihr Verständnis von Unterrichtsqualität Auskunft zu geben. Es wird gewiss niemanden geben, der auf die Frage nach dem, was guten Unterricht ausmacht, keine Antwort weiß. Das Problem besteht eher darin, dass Qualität sich auf ganz unterschiedlichen Ebenen zeigt – oder eben nicht zeigt – und entwickelt werden muss, und dass sie infolgedessen von unzähligen Faktoren abhängt und beeinfluss wird. Wer aber, wie in diesem Buch unterstellt wird, seine und ihre Sache „gut" machen will, benötigt ein elementares, handhabbares und kommunizierbares Verständnis von Qualität. Das Buch handelt im Grunde von nichts anderem als der Frage, wie sich Unterrichtsqualität beobachten, beschreiben, entwickeln und sichern lässt. An drei Stellen geschieht dies explizit. Den Auftakt bildet die in der Überschrift genannte Frage, von welcher Qualität eigentlich die Rede ist, wenn wir Qualität wahrnehmen, sichern und entwickeln wollen.

Dass die Frage nach der Qualität des Unterrichts nicht mit einem einzigen Merkmal oder Satz zu beantworten ist, liegt daran, dass es sich bei Unterricht ja nicht um einen Gegenstand, ein Erzeugnis oder eine Maschine handelt, die ihre Qualitätsmerkmale gewissermaßen immer schon in sich trägt. Unterrichtsqualität – oder einfacher: guter Unterricht – ist eine pädagogische Setzung und ihr Gegenstand, der Unterricht, ist ein ganzes System von komplexen Prozessen, das wiederum einer Fülle von strukturellen Voraussetzungen und Faktoren unterworfen ist, die alle auf ihre Weise auf bestimmte Ergebnisse Einfluss haben (vgl. Werning/Avci-Werning 2015, S. 72f.).

Die im letzten Satz verstreut genannten Begriffe der Strukturen, der Prozesse und der Ergebnisse eignen sich für eine erste Antwort auf die Frage, von welcher Qualität die Rede sein soll, indem wir unterscheiden zwischen Strukturqualität (I), Prozessqualität (II) und Ergebnisqualität (III).

Wichtig ist an dieser Stelle der Hinweis, dass es sich bei der gleich im Anschluss vorgestellten Unterscheidung zwischen Struktur-, Prozess- und Ergebnisqualität lediglich um den ersten Schritt auf dem Weg zu einem handhabbaren Modell der Wahrnehmung, Sicherung und Entwicklung von Qualität handelt. Die Frage nach Kriterien und Indikatoren für Unterrichtsqualität kann und wird erst in den nachfolgenden Kapiteln behandelt werden.

### 1.3.1 Struktur-, Prozess- und Ergebnisqualität

Diese drei aus der Sozialwissenschaft entlehnten Begriffe[2] lassen sich leicht veranschaulichen und mithilfe eines Halbsatzes mit exemplarischen Inhalten füllen, der lautet: „Unterricht ist doch immer nur so gut wie ..." Drei Satzergänzungen lassen sich unterscheiden.

▶ Die erste Satzergänzung könnte lauten: „Unterricht ist doch immer nur so gut, wie die ganze Fülle an **strukturellen** Voraussetzungen, Rahmenbedingungen und Verlässlichkeiten es zulässt." Zu denken ist dabei an Faktoren von größter Nüchternheit, etwa die Größe und die Zusammensetzung der Lerngruppe, aber auch die zur Verfügung stehenden Ressourcen, die Größe und die Ausstattung des Klassenraumes, die Stellung oder das Renommee eines Faches an der Schule oder in der Gesellschaft. All dies und noch viel mehr hat wesentliche Auswirkungen auf alles, was der Lehrkraft und den Lernenden gelingen kann. Von Lehrkräften in inklusiven Lerngruppen wird aus unmittelbar einleuchtenden Gründen beispielsweise die strukturelle Frage der personellen Ausstattung als eine oder gar die entscheidende Gelingensbedingung empfunden. Dass diese Frage nicht allein entscheidend ist, wird im weiteren Fortgang deutlich werden. Festzuhalten gilt aber, dass den meisten dieser strukturellen Voraussetzungen und Rahmenbedingungen zu eigen ist, dass sie zumindest von der einzelnen Lehrkraft kaum beeinflusst oder gar verändert werden können, doch davon wird noch die Rede sein. Gleichzeitig ist darauf hinzuweisen, dass diese Aufzählung höchst unterschiedlicher struktureller Faktoren nicht mit empirischen oder durch Unterrichtsforschung nachweisbaren Faktoren zu verwechseln ist. Es geht um Sichtweisen, Perspektiven und Einschätzungen von Lehrkräften, die von Qualität reden.

▶ Ganz anders, aber nicht im Widerspruch zur ersten, lautet eine zweite Satzergänzung: „Unterricht ist doch immer nur so gut wie die **Prozesse**, die im Unterricht angestoßen, motiviert und verselbstständigt werden können." Zu denken ist etwa an das Lern- und Unterrichtsklima, an die Motivation, die Arbeitshaltungen, die sozialen Interaktionen, aber auch die Stimmigkeit und die Passung von Methoden und Sozialformen, die Transparenz von und die Mitbestimmung bei Inhalten, Lernwegen und Zielen oder die Selbstwirksamkeitserfahrung der Lernenden. Wiederum im Blick auf inklusive Lerngruppen gilt Entsprechendes: Die – strukturelle – Frage nach personellen Ressourcen ist die Eine; die andere Frage nach der Organisation von Lehr-Lern-Prozessen in multiprofessionellen Teams aus Lehrkräften oder auch Physiotherapeut(inn)en, Logopäd(inn)en oder Sozialpädagog(inn)en ist mindestens so entscheidend für Qualität und das Gelingen. Es geht bei dieser

---

[2] Die Unterscheidung zwischen Struktur-, Prozess- und Ergebnisqualität stammt aus der Qualitätsüberprüfung sozialer Arbeit und geht zurück auf den Arzt Avedis Donabedian (1980).

Aufzählung wie schon bei der ersten Satzergänzung nicht um Vollständigkeit, sondern um die Unterscheidung von Perspektiven: Strukturen haben etwas Statisches, durch Handeln wenig Beeinflussbares; Prozesse entstehen aus Interaktionen, und beides steht in zahlreichen Wechselwirkungen.

▶ Und schließlich, drittens, könnte die Satzergänzung auch schlicht lauten: „Unterricht ist doch immer nur so gut wie das, was gelernt wird: An den **Ergebnissen** wird man ablesen, ob das Lernen effektiv und die Lernzeit lohnend war."

Auch die Satzergänzung aus dieser dritten Perspektive dürfte unmittelbar einleuchten, aber womöglich auch Einschränkungen und Widerspruch hervorrufen. Der Grund dafür liegt in dem bereits angedeuteten Umstand, dass die drei umrissenen Perspektiven der Struktur-, der Prozess- und der Ergebnisqualität nicht nur in Wechselwirkungen stehen, sondern vor allem auch und immer wieder in einem Konkurrenzverhältnis. Nicht selten werden die Perspektiven der Struktur-, der Prozess- und der Ergebnisqualität von Unterricht jeweils absolut gesetzt und gegeneinander ausgespielt. Einige Beispiele aus dem Alltag der Lehrerbildung sollen dies verdeutlichen.

Maßnahmen zur Lehrer(fort)bildung nehmen im Grunde immer die zweite der genannten Perspektiven ein, nämlich die zu gestaltenden und zu begleitenden Interaktionen und Prozesse. Ganz gleich, ob es sich um Angebote zur Methodenkompetenz, um Kooperatives Lernen oder um kompetenzorientiertes Lehren und Lernen handelt – immer geht es um Prozesse, die von den Lehrenden oder Lernbegleiterinnen und -begleitern anzustoßen, zu gestalten und zu begleiten sind. Bei der Durchführung solcher Angebote ist Folgendes zu beobachten: Mit großer Regelmäßigkeit werden im Verlauf des Seminars von Seiten der Teilnehmenden zwei typische Einwände oder Widerstände gemeldet. Der erste Einwand äußert sich etwa in der Formulierung: „Nun haben Sie in der künstlichen Laborsituation dieses Seminars natürlich alles sehr ideal und vielversprechend dargestellt. Aber nun bitte ich Sie: Kommen Sie doch am nächsten Freitag zu mir in mein winziges Klassenzimmer zu meiner wilden Lerngruppe in die 9. Unterrichtsstunde – und machen Sie dort noch einmal dasselbe wie heute im Seminar." Was bei diesem häufigen und überaus nachvollziehbaren Einspruch geschehen ist, ist ein Wechsel von der Perspektive der Prozessqualität zu jener der Strukturqualität: Gelingende Prozesse sind wünschenswert, doch häufig stehen strukturelle Bedingungen, zumindest nach der Einschätzung der Lehrkräfte, dem Gelingen entgegen.

Ein zweiter Einwand klingt ganz ähnlich, indem Teilnehmende sinngemäß äußern: „... Ihre methodischen Vorschläge klingen tatsächlich schülerfreundlich und erlebnisorientiert. Nur: Haben Sie damit denn auch entsprechend bessere Ergebnisse? Lernen, wissen und können die Schülerinnen und Schüler dadurch etwa mehr?" – Und wieder erfolgte ein Perspektivenwechsel, diesmal allerdings von der Prozess- zur Ergebnisqualität. Was ist daraus zu lernen? Wie ich im Folgenden zeigen werde, dreierlei.

## 1.3.2 Ein systemischer Blick auf die Unterrichtsqualität

Die zuletzt beschriebenen berechtigten und nachvollziehbaren Einwände führen immer dann in eine Sackgasse, wenn die jeweilige Perspektive absolut
gesetzt oder gegen andere Perspektiven ausgespielt wird. Gleichzeitig ist offensichtlich, dass diese drei Perspektiven untereinander in ständiger Wechselwirkung stehen. Deshalb kann es niemals darum gehen, aus je einer der drei
Perspektiven die jeweils anderen in Abrede zu stellen oder zu bagatellisieren.
Die Auflösung muss vielmehr darin bestehen, allen drei Perspektiven zu ihrem
jeweiligen Recht zu verhelfen: „Unterricht kann immer nur so gut sein, wie es
gelingt, je nach den vorfindlichen strukturellen Voraussetzungen solche Prozesse anzustoßen, die die Lernenden zu möglichst guten Ergebnissen führen."
Das bedeutet im Umkehrschluss: Es wird nirgendwo und schon gar nicht überall
„ideale" strukturelle Voraussetzungen geben; es gibt keine Unterrichtsprozes-
se, die per se und überall gelingende Lernprozesse garantieren, es gibt im Unterricht niemals den einen und einzigen Königsweg – es gibt insofern niemals den
„einen guten Unterricht" und die „eine gute Schule". Unterrichts- und Schul-
qualität ist kein absoluter, sondern ein relativer Begriff. Entscheidend ist die Berücksichtigung seiner unterschiedlichen Dimensionen oder Perspektiven. „Einfacher ausgedrückt: Man bewertet Produkte im Kontext der Prozesse, in denen
sie entstehen."

Auf diese einfache Formel bringen Annemarie von der Groeben und Ingrid
Kaiser die Grundentscheidung des *Deutschen Schulpreises*, was dazu führt,
„dass eine Brennpunktschule ebenso zu den Preisträgern gehören kann wie ein
Elitegymnasium" (von der Groeben/Kaiser 2012, S. 11 f.). Eine solche integrati-
ve oder systemische, sich der Wechselwirkungen bewusste Sicht kann man auch
als „Konzeptqualität" bezeichnen. Eine seit der Veröffentlichung der sogenannten *Hattie-Studie* (Hattie 2013; s. auch Terhart 2014) an dieser Stelle häufig zu
vernehmende Rückfrage ist die nach der in diesem Modell scheinbar vernach-
lässigten Rolle und Bedeutung der Lehrperson bzw. der Lehrerpersönlichkeit.
Diesem nachvollziehbaren Einwand ist in der Form zu begegnen, dass genau in
der Lehrperson die beschriebene Unterscheidung zwischen der Struktur-, Pro-
zess- und Ergebnisqualität gewissermaßen zusammenfällt, denn es handelt sich
ja um Perspektiven der Wahrnehmung von Qualität. Dadurch entsteht folgendes
Schaubild (vgl. Abb. 1, S. 15).

Wozu kann diese Unterscheidung von Perspektiven, die sich allesamt auf dieselbe Wirklichkeit des Unterrichts und der Schule richten, dienen? Drei Anwen-
dungsbeispiele sollen im Folgenden skizziert werden.

**Erstes Anwendungsbeispiel: Wo stehen wir, was können wir ändern?**
Ein Kollegium stellt sich einer bestimmten Aufgabe oder einem Veränderungs-
prozess bzw. sieht sich mit Herausforderungen konfrontiert, die es bearbeiten
möchte bzw. muss.

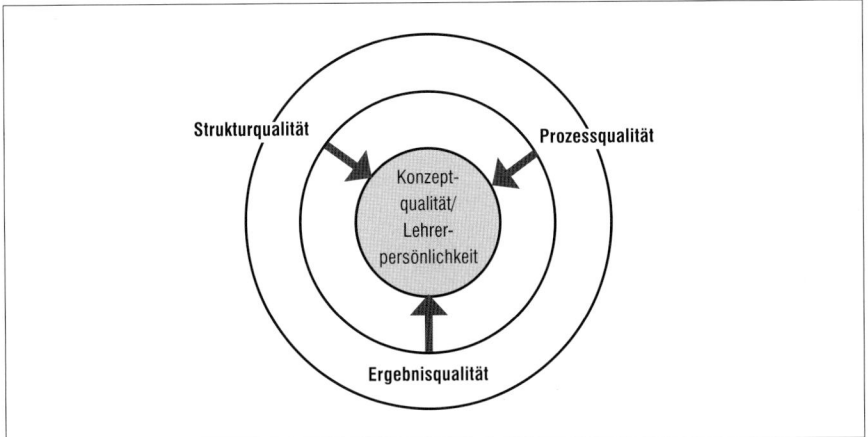

Abb. 1: Unterschiedliche Perspektiven auf Qualität

Es gibt bestimmte Erfordernisse oder Sachverhalte – beispielsweise rückgängige Schülerzahlen, veränderte Klassenzusammensetzungen, die Einführung des Ganztagsschulbetriebs, neue Lehrpläne, den Auftrag der individuellen Förderung, inklusive Lerngruppen oder vieles andere mehr. Alle genannten Beispiele lassen sich unter strukturellen Gesichtspunkten betrachten, aber eben auch unter Prozess- und Ergebnisperspektive.

Im Sinne einer Bestandsaufnahme oder eine Analyse des Ist-Zustandes – Wo stehen wir? – sammeln die Kolleginnen und Kollegen auf unterschiedlichen Stellwänden, in unterschiedlichen Ecken des Raumes oder in unterschiedlichen Räumen ihre Beobachtungen und Einschätzungen. Es kann vereinbart werden, die jeweiligen Nennungen als (eher) förderlich (+) oder als (eher) hinderlich (–) bzw. als „vorhanden" oder als „wünschenswert" zu kennzeichnen.

Strukturelle Gesichtspunkte (Beispiele):
▶ Zusammensetzung und Herkunft der Schülerschaft
▶ vorhandene Kompetenzen im Kollegium
▶ Zeitbudget für Konferenzen und Fachschaftsarbeit
▶ räumliche Ausstattung (Klassen-, Fachräume, Pausenbereich, Mensa …)
▶ Organisation der Schulleitungsaufgaben, Hierarchien
▶ Ausstattung mit Deputaten
▶ …

Prozess-Gesichtspunkte (Beispiele):
▶ Kommunikation im Kollegium
▶ Elternarbeit
▶ Transparenz von Entscheidungen
▶ Methoden- oder Sozialcurricula
▶ Lernklima und  Leitbild
▶ …

Ergebnis-Gesichtspunkte
- ▶ Abschneiden in regionalen, landesweiten oder nationalen Tests und Prüfungen
- ▶ Abgangsquoten zu weiterführenden Schulen
- ▶ Leistungsstand der Schülerinnen und Schüler
- ▶ besondere Einzelleistungen
- ▶ Notendurchschnitte in einzelnen bzw. in allen Fächern
- ▶ …

Bei dieser Art Bestandsaufnahme sind zwei Dinge zu beachten. Zum einen: Die jeweiligen Einschätzungen können bzw. dürfen differieren – etwa: Wir verwenden zu viel Zeit für … wir haben nie genug Zeit für … – und auch die Zuordnung von Sachverhalten zu den jeweiligen Perspektiven kann unterschiedlich sein: Haben wir zu starre Konferenzzeiten (Struktur), ein unfreundliches Beratungsklima (Prozess) oder zu belanglose Beschlüsse (Ergebnis), deren Entstehung nicht transparent ist (Struktur/Prozess) oder die am Ende keiner umsetzt (Struktur)? Solche Mehrfachnennungen spiegeln nur die Wechselwirkungen der drei Perspektiven wider. Zum anderen: Besonders die als defizitär oder als „hinderlich" eingeschätzten Sachverhalte leiten bereits über zu Veränderungswünschen (s. u.). In der Reflexion und Moderation einer solchen Bestandsaufnahme ist aber darauf zu achten, dass die Bestandsaufnahme nicht im Modus des Konjunktivs oder des Ressentiments erfolgt („Wir sollten eigentlich …", „Es ist schlimm, dass wir nicht …").

### Zweites Anwendungsbeispiel: Sichtweisen einnehmen – Wo wollen wir hin? Perspektivübernahme und „Pädagogisches Ethos"

Mit der Unterscheidung unterschiedlicher Qualitätsperspektiven und ihrer Wechselwirkungen geht eine zweite Überlegung einher. Es wurde gesagt, es müsse vermieden werden, aus jeweils einer der drei Perspektiven die anderen beiden zu bagatellisieren, infrage zu stellen oder überhaupt zu bestreiten. Diese Gefahr besteht häufig dann, wenn etwa in Gesprächen oder in einer Konferenz ein Thema zu verhandeln ist, das eindeutig einer der drei Perspektiven zuzuordnen ist. So mündet beispielsweise eine Pädagogische Konferenz zum Thema „Lernklima verbessern", „Neue Lernkultur" oder „Kompetenzentwicklung von Anfang an" in der Regel schnell in das Ressentiment: „Wann sollen wir das alles leisten? Wer gibt uns dafür Ermäßigungsstunden?" oder: „Durch diese modischen Finessen lernen die Schülerinnen und Schüler auch nicht mehr." In solchen Situationen kann es überaus hilfreich sein, Gesichtspunkte zu sortieren und Perspektiven zu klären: Aus welcher der drei Perspektiven wird gerade argumentiert? Dadurch lässt sich schnell einsichtig machen, weshalb einzelne Kolleginnen und Kollegen notorisch aneinander vorbeireden. Die Forderung beispielsweise nach wertschätzendem Umgang miteinander (Prozess) lässt sich mit der wie auch immer berechtigten Klage über die Unterfinanzierung des Bildungssystems oder die Zeitnot (Struktur) nicht ohne Weiteres vermitteln. Die Frage könnte vielmehr lauten: Welche unserer strukturellen Voraussetzungen bedingen oder erzwingen welche Prozesse, die wiederum welche Ergebnisse zur Folge haben – und was daran ist veränderbar? Einfacher ausgedrückt: Es wird nie alles überall möglich sein, aber es wird auch in der konkreten Schule in der Regel mehr möglich sein, als man zunächst annehmen mag.

Eine Weiterführung des zuerst genannten Anwendungsbeispiels kann deshalb darin bestehen, dass im Anschluss an eine Bestandsaufnahme (Wo stehen wir?) Entwicklungsperspektiven in struktureller, prozess- oder ergebnisorientierter Hinsicht ausgelotet, sortiert und reflektiert werden.

Bei diesem Schritt spielt die notwendige Abstimmung zwischen den unterschiedlichen Perspektiven oder Dimensionen der Qualitätsentwicklung – die Konzeptqualität – eine besonders wichtige Rolle, weil sich die unterschiedlichen Perspektiven sonst allzu leicht blockieren. Aus einer solchen Abstimunng zwischen – bzw. Zusammenschau und Übernahme von – unterschiedlichen Perspektiven von Qualität entsteht das, was von der Groeben/Kaiser (2012, S. 15) das „Pädagogische Ethos" einer Schule nennen.

**Drittes Anwendungsbeispiel: ein Qualitätsmodell als Folie für Schulentwicklungsmaßnahmen**

Eine außerunterrichtliche Veranstaltung, eine Projektwoche an der Schule, ein Schüleraustausch und vieles andere mehr haben immer auch die genannten drei Aspekte: Sie beanspruchen Ressourcen (Struktur), sie bedingen andere Lernformen (Prozesse) und es gibt Zweifel, ob der Aufwand sich auch schulisch unterrichtlich „lohnt" (Ergebnisse). Solange diese Perspektiven ungeklärt nebeneinanderstehen, wird die Entscheidung für oder gegen solche Maßnahmen womöglich so getroffen, als müsse man bestimmte Einbußen eben in Kauf nehmen. In konstruktiver Weise könnte das Qualitätsmodell hingegen genutzt werden, wenn die fragliche Maßnahme unter den drei Perspektiven beleuchtet und ggf. korrigiert wird. Dies muss keineswegs bedeuten, dass beispielsweise eine Theateraufführung, die zu Unterrichtsausfall führt und nur einen Teil der Schülerinnen und Schüler betrifft (Struktur), aber das Lernklima und die Anstrengungsbereitschaft bereichert (Prozesse), benotet werden muss (Ergebnisse). Aber vielleicht werden solche Aufführungen daraufhin überprüft, ob es nicht gelingen kann, nach Möglichkeit alle Schülerinnen und Schüler daran zu beteiligen (Struktur) und sich auf eine solche Art der Bearbeitung zu verständigen, die die für den Deutschunterricht beschriebenen Kompetenzen und Inhalte befördern (Ergebnis). Damit soll nicht behauptet werden, dass dies nicht längst geschieht. Das Qualitätsmodell kann vielmehr helfen, solche Entscheidungen transparent zu machen und Entscheidungen erleichtern oder überprüfbar machen.

### 1.3.3 Bildungsstandards, Kompetenzorientierung und Unterrichtsqualität

In einem weiteren Sinne kann die hier vorgestellte Unterscheidung der drei Perspektiven von Qualität als Struktur, Prozess und Ergebnis erhellend wirken. Die gegenwärtige schulpolitische und pädagogische Diskussion kreist auffallend um Begriffe wie *Output, Outcome, Ergebnisorientierung, Effizienz* oder eben *Standardisierung*. Allen diesen Begriffen ist eine gewollt einseitige Orientierung an der dritten Qualitätsperspektive, der Ergebnisperspektive gemeinsam. Entscheidend sei, so die landläufige Formulierung, „was am Ende herauskommt". Diese einseitige Orientierung an der Ergebnisperspektive ist nicht zuletzt verantwortlich dafür, dass die Kompetenzorientierung immer wieder mit dem Vorwurf des Technokratischen und der Ökonomisierung von Bildung konfrontiert wird. Dieser Vorwurf muss an anderer Stelle noch einmal aufgegriffen werden. Der Vorwurf kann entkräftet werden, wenn Kompetenzorientierung, wie in diesem Buch vorgeschlagen, nicht verwechselt wird mit der vermeintlichen Machbarkeit und Operationalisierbarkeit von messbaren Bildungseffekten, sondern verstanden wird als didaktisches Prinzip mit dem Ziel, die Lerntätigkeit der Lernenden besser zu verstehen. Dieses Buch bietet nicht Techniken zur Operationalisierung von Effekten, sondern einen Blick, der didaktisches Handeln fokussiert auf die Lernenden: eine Didaktik, die das Kind und die Heranwachsenden in den Mittelpunkt stellt. Ungeachtet dieser grundsätzlichen Ausrichtung gilt aber auch für die einseitige Ergebnisorientierung der Satz: Auch wer vor allem bestimmte Ergebnisse anstrebt, ist nicht davon entbunden, nach denjenigen Lernprozessen zu fragen, die solche Lernergebnisse ermöglichen, sowie die vorfindlichen Strukturen daraufhin zu prüfen, ob sie diese Prozesse und jene Ergebnisse ermöglichen, begünstigen, erschweren oder gar verhindern.

Zuletzt ist noch einmal der Hinweis wichtig, dass mit der Unterscheidung von Qualitätsperspektiven für die Wahrnehmung, Gestaltung und Sicherung von Unterrichtsqualität noch kaum etwas gewonnen wird. Dies wird erst gelingen, wenn Kriterien, also Unterscheidungsmerkmale (vgl. Kap. 3.5) und Indikatoren, also sichtbare Erkennungsmerkmale (vgl. Kap. 5.3) hinzukommen.

## 1.4 Unterricht vom Lernen her denken: Didaktik und Mathetik

Als Levi Jizchak von seiner ersten Fahrt zu Rabbi Schmelke von Nikolsburg, die er gegen den Willen seines Schwiegervaters unternommen hatte, zu diesem heimkehrte, herrschte er ihn an: „Nun, was hast du schon bei ihm erlernt?!" „Ich habe erlernt", antwortete Levi Jizchak, „daß es einen Schöpfer der Welt gibt." Der Alte rief einen Diener herbei und fragt den: „Ist es dir bekannt, daß es einen Schöpfer der Welt gibt?" „Ja", sagte der Diener. „Freilich", rief Levi Jizchak aus, „alle sagen es, aber erlernen sie es auch?"

(Buber 1949, S. 331 f.)

Ein Buch, das sich mit der Praxis des Lehrens und Lernens beschäftigt, versteht sich als ein didaktisches Buch. Es möchte einen eigenständigen, das heißt nicht einen abgeschlossenen, aber in sich schlüssigen *didaktischen Entwurf* bieten. Dieser *didaktische Entwurf* wählt als Ausgangspunkt, aber auch als Zielperspektive die Kompetenz – zuerst die *Kompetenz* der *Lernenden* und von da aus auch die der *Lehrenden*. Doch der didaktische Ansatz dieses Buches lässt sich noch weiter zuspitzen. Didaktik, im weitesten Sinne verstanden als die *Kunst des Lehrens* – und nicht einer *Technik des Vermittelns!* –, wird so lange ins Leere gehen, wie sie nicht fundiert und begründet ist durch eine *Expertise über das Lernen*, die man seit Johann Amos Comenius auch als *Mathetik* bezeichnet. Anders ausgedrückt benötigt die Kunst des Lehrens immer auch eine Reflexion über den Begriff des *Lernens* als eines individuellen, „personalen" Vorgangs sowie über den Stellenwert des Lernens im Nachdenken über das Lehren. Eine solche in der Mathetik begründete Didaktik nennen neuere Veröffentlichungen auch *lernseitige* oder an der *Person der Lernenden* orientierte und insofern *personalisierte Didaktik*. Dabei geht es zum einen um die unbestreitbare Einsicht, dass die höchste Kunst des Lehrens ihre Erfolge oder Misserfolge nicht wird verstehen und reflektieren können, wenn sie sich nicht mindestens ebenso wie auf das *Lehren* auf das *Lernen* versteht. Der Begriff der *Personalisierung* bedeutet außerdem eine veränderte Sichtweise auf die Individualisierung, wie sie im Begriff des individuellen Lernens und der individuellen Förderung enthalten ist. Nicht gemeint ist mit dem Begriff der *Personalisierung* die in der Geschichtsdidaktik geführte Diskussion um das Recht oder die Möglichkeit, geschichtliche Entwicklungen einzelnen Personen oder herausragenden Persönlichkeiten zuzuschreiben. Es geht hier nicht um das Lernen *an* Personen, sondern das Lernen *von* Personen.

Beim Begriff der Individualität der Lernenden wird deshalb diese Didaktik einsetzen (vgl. Kap. 2). Von da aus wird der Blick sich auf die Frage richten, was diesen individuellen, besonderen und unterschiedlichen jungen Menschen, die uns als Schülerinnen und Schüler begegnen, „im Allgemeinen" oder eben „standardisiert" beizubringen ist (vgl. Kap. 3). Erst im Anschluss daran werden Lernwege, Lernarrangements, Methoden, Aufgaben und Formen der Leistungsmessung in den Blick kommen (vgl. Kap. 4). Dieser Dreischritt von der Wahrnehmung von Individualität und Vielfalt (I) über das Klären und Differenzieren von Zielen (II) hin zur Inszenierung von Lernarrangements, Methoden und Aufgaben (III) wird zu Beginn des folgenden Kapitels noch einmal erläutert und entfaltet.

# 2 Individualität, Vielfalt und Heterogenität

Dieses Kapitel beginnt mit einem Stoßseufzer aus tiefster Brust von Lehrerinnen und Lehrern, der ausgelöst ist durch die scheinbar unlösbare Spannung zwischen allgemeinem Bildungsanspruch und dem pädagogischen Auftrag, jedem Kind, jedem Jugendlichen in seiner Besonderheit und Individualität gerecht zu werden. Der Stoßseufzer lautet: „Sie sind doch alle so verschieden!" – „Meine Lerngruppe ist unglaublich heterogen!" – „Sie sind alle so individuell!". Was meinen in diesen Seufzern die Begriffe *individuell*, *verschieden* und *heterogen*? Die Wahrnehmung, dass Lerngruppen nicht homogen zusammengesetzt sind, ist nicht neu. Der Pädagoge Johann Friedrich Herbart formulierte in seinem Aphorismus zur Pädagogik (1808) den seither viel zitierten Satz, die „Verschiedenheit der Köpfe" sei „das große Hindernis aller Schulbildung". Diese Verschiedenheit der Köpfe, die aus deren Individualität resultiert, hat seither nicht ab-, sondern eher zugenommen. In der pädagogischen Literatur wird dieses Phänomen häufig unter der Überschrift „Heterogenität im Klassenzimmer" (z. B. Klippert 2012) abgehandelt. Es ist mehr als nur Wortklauberei, wenn in diesem Kapitel zunächst gefragt wird, was wir denn meinen mit den Begriffen *Individualität*, *Vielfalt* und *Heterogenität*. Es wird sich zeigen, dass diese Begriffe subjektiv, ambivalent und mehrdeutig und damit relativ sind. Heterogenität ist zwar ein Sachverhalt, der aber zunächst begegnet als Wahrnehmung und Deutung aus der Sicht der Lehrenden. Vielfalt beginnt im Kopf und braucht das Herz: Der Umgang mit Vielfalt ist zuerst eine Frage der Haltung und erst danach eine Frage der Methodik. Was das bedeuten könnte, wird in diesem Kapitel in Anlehnung an eine baden-württembergische „Qualitätsoffensive" zur „Individuellen Förderung" und deren Weiterentwicklung erläutert.

## 2.1 Individuelle Förderung: eine Qualitätsoffensive

Im einleitenden Kapitel über die „drei Mantras" – der Bildungsstandards, der Kompetenzorientierung und der individuellen Förderung (S. 8 ff.) – wurde bereits auf das grundsätzliche Spannungsverhältnis zwischen dem allgemeinen und fachlichen Bildungs- und Erziehungsauftrag der Schule auf der einen Seite und dem gleichzeitigen Auftrag an die Lehrkräfte, kein Kind zurückzulassen und es entsprechend seiner individuellen Lernvoraussetzungen zu fördern, hingewiesen.

Um die naheliegende Frage von Lehrkräften, wie beides zusammengehen solle, zu beantworten, wurde in Baden-Württemberg im Jahr 2009 eine „Qualitätsoffensive" gestartet. Sie wurde im Auftrag des baden-württembergischen Kultusministeriums vom dortigen *Landesinstitut für Schulentwicklung* erarbeitet und ist nachzulesen in der Broschüre *Neue Lernkultur. Lernen im Fokus der Kompetenzorientierung. Individuelles Fördern in der Schule durch Beobachten – Beschreiben – Bewerten – Begleiten*, abgekürzt als *Programm Vier B* (vgl. Abb. 3, S. 23). Die grundlegende Struktur dieser „Förderspirale" (LS 2009, S. 2) mit

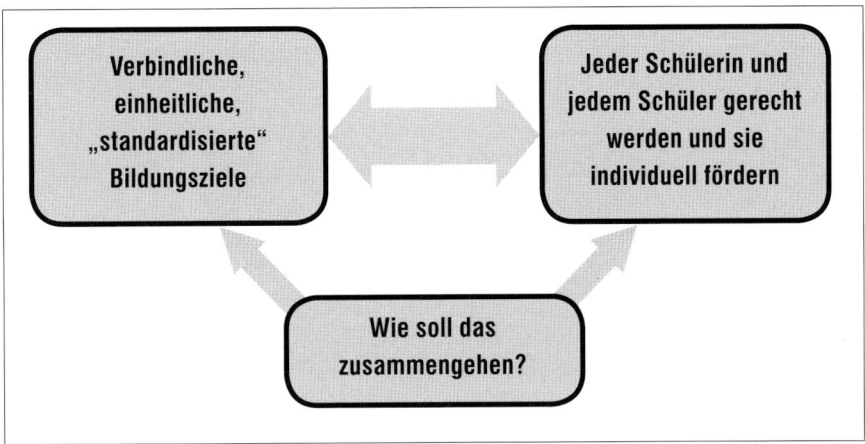

Abb. 2: Spannungsverhältnis zwischen Standardisierung und Individualisierung

den vier Schritten des *Beobachtens, Beschreibens, Bewertens* und *Begleitens* hat auch den Aufbau des vorliegenden Buches maßgeblich beeinflusst, zumal die Herausforderung der individuellen Förderung hier ausdrücklich verknüpft ist mit dem „Fokus der Kompetenzorientierung". Die Übernahme und Weiterentwicklung im vorliegenden Buch ist allerdings mit zwei Modifikationen und einer Schlussfolgerung verbunden.

### Modifikation 1: „Vier B" – oder eher „vier W"?

Die *Vier B – Beobachten, Beschreiben, Bewerten, Begleiten* – beschreiben eine „Förderspirale" (LS 2009, S. 2): Auf das Beobachten der Lernenden folgt die Dokumentation von Beobachtungen, die es in einem Reflexionsprozess zu bewerten gilt, um auf dieser Grundlage die Lernenden möglichst effektiv zu begleiten – was im günstigsten Fall zu beobachtbaren Lernentwicklungen usw. führt. Dass sich Lehrkräfte in Baden-Württemberg jedoch auch nach zahlreichen Fortbildungsangeboten zum *Programm Vier B* immer noch schwer damit tun, auswendig die vier mit dem Buchstaben B beginnenden Wörter zu rekapitulieren, kann man als unerheblich be-

Abb. 3: Broschüre *Vier B*

23

zeichnen. Schwerer wiegt, dass die „Vier B" von Lehrkräften häufig kolportiert wurden als die „vier Belastungen". Dies liegt sicher daran, dass Lehrkräfte sich eine „Neue Lernkultur" nur in Form einer weiteren Aufgabe, sprich: Be- und Überlastung vorstellen können. Unterstützt wird diese Befürchtung einer weiteren Belastung nicht zuletzt durch die Wahl der Vier B-Vokabeln. Der erste Vorschlag zur Weiterentwicklung des Programms *Vier B* besteht deshalb zunächst in ihrer Umbenennung: Statt vom „Beobachten" könnte auch vom „Wahrnehmen" die Rede sein, statt vom „Beschreiben" vom „Würdigen", statt vom „Bewerten" vom „Wertschätzen" und statt vom „Begleiten" vom „Weiterhelfen". Was zunächst wie eine reine sprachliche Kosmetik wirkt, ist folgendermaßen gedacht: *Beobachten, Beschreiben* usw. sind in der Tat Aufgaben und Aufträge, man spricht buchstäblich von Beobachtungsaufgaben. Die *vier W* des *Wahrnehmens, Würdigens, Wertschätzens* und *Weiterhelfens* sind jedoch nicht als Aufgaben zu verstehen, sondern es sind im Grunde nichts anderes als Be- und Umschreibungen der *Lehrprofessionalität*. Und vor allem: Durch die Umbenennung der *vier B* in *vier W* sind aus Aufgaben *Haltungen* geworden. Der pädagogische und didaktische Umgang mit Vielfalt gelingt, so die Grundüberzeugung dieses Buches, einzig, aber auch effektiv, mithilfe einer professionellen Haltung des würdigenden und wertschätzenden Wahrnehmens von Vielfalt. Diese würdigende und wertschätzende Wahrnehmung zielt darauf, Lernenden in und aufgrund ihrer Individualität zielorientiert und methodisch „ins Lernen zu helfen".

## Modifikation 2: Veränderte Akzentuierung

Die Begriffe *Beobachten, Beschreiben, Bewerten* und *Begleiten*, verstanden und empfunden als Aufträge und Aufgaben, setzen unmittelbar präzisierende Anschlussfragen frei, die beispielsweise lauten: *Beobachten* – nach welchen Kriterien? *Beschreiben* – Welcher Beobachtungen und in welcher Form? *Bewerten* – Was und mit welchem Ziel? und schließlich: *Begleiten* – Wohin und worin? Die *vier W* des *Wahrnehmens, Würdigens, Wertschätzens* und *Weiterhelfens* entziehen sich solchen Rückfragen weitgehend, und dies vor allem dann, wenn sie neu akzentuiert werden. *Wahrnehmung* ist, anders als durch Kriterien geleitetes *Beobachten*, gewissermaßen ein unwillkürlicher sensorischer Reflex; *Würdigung* und *Wertschätzung* entspringen einer Haltung des Interesses, und *Weiterhelfen* beleuchtet ein bestimmtes Rollenverständnis, wie es bereits im Kapitel über den Wechsel von der lehrseitigen zur lernseitigen Sicht angeklungen ist. *Wahrnehmung*, das wird im folgenden Kapitel eingeübt werden, ist der Schlüssel zum Umgang mit Vielfalt. Mit den Begriffen *Würdigung* und *Wertschätzung* erfolgt eine weitere Akzentuierung. *Beobachten* und *Beschreiben* werden nicht selten auf problematische Weise mit dem Begriff der *Diagnose* bzw. *pädagogischen Diagnostik* (LS 2009, S. 49) in Verbindung gebracht. Dabei ist kritisch anzufragen, ob der Begriff der *Diagnose* für die Alltagspraxis von Lehrkräften und im Sinne einer würdigenden, wertschätzenden, lernseitigen „Haltung" oder „Perspektive" wirklich sachdienlich ist. Dieser Zweifel richtet sich sowohl auf die Wortbedeutung des Begriffs *Diagnose* als auch auf dessen praktisch-handwerkliche, professionelle Dimension.

Der Begriff *Diagnose* meint wörtlich ein durch Kriterien geleitetes, bewertendes Untersuchen. In seiner landläufigen Verwendung im medizinischen und im technischen Feld, also etwa im medizinischen Labor oder in der Kfz-Werkstatt, hat dieses Unterscheiden einen deutlich defizit-, krankheits- oder fehlerorientierten Akzent. Man kann das für ein Missverständnis im Blick auf die Medizin halten, die neben der *Differentialdiagnose* von Krankheitsphänomenen immer auch auf die Heilungspotenziale eines Organismus achtet.

Abb. 4: Word-Cloud *Diagnose*

Im Blick auf die technische *Diagnose* etwa eines Kraftfahrzeuges könnte man das sicher nicht behaupten. *Diagnose* in diesem defizit- und fehlerorientierten Sinne muss in der Verwendung für die Lernförderung deshalb als fragwürdig gelten. Lernförderung und Lernbegleitung wird nie umhinkönnen, Lernstände, Lernentwicklungen und Lernchancen wahrzunehmen, um daran anknüpfend und darauf aufbauend die Lerntätigkeit der Lernenden zu stärken. Aber braucht es dafür eine handwerklich valide *Lernstands- und Entwicklungsdiagnose*, zu der Lehrkräfte – denen im Verlauf einer Schulwoche womöglich weit über 100 Schülerinnen und Schüler in unterschiedlichen Unterrichtsfächern begegnen – jemals in der Lage sein werden? Die kurze Antwort lautet: Nein. Die ausführlichere Antwort hängt zusammen mit dem „Fokus der Kompetenzorientierung", für die es selbstverständlich erforderlich sein wird, sich über die vorhandenen „Kompetenzen" der Lernenden im Klaren zu sein. Die Frage ist allerdings, wie solches Wissen über die Lernausgangslage gewonnen und wofür es genutzt wird. Die Antwort auf diese Frage wird an unterschiedlichen Stellen im weiteren Verlauf des Buches zu geben und veranschaulichen sein.

Entscheidend anders stellt sich die hier vorgetragene Kritik am Begriff der *Diagnose* im Blick auf inklusive Lerngruppen dar. Die Schulgesetze der Länder sprechen deshalb von Kindern und Jugendlichen mit „attestiertem Förderbedarf", der vom Verdacht der Fehler- und der Defizitorientierung zu entlasten ist. Eine solche sonderpädagogische Diagnose, die vom System der allgemeinbildenden Schule weder geleistet werden kann noch darf, ist eine wesentliche Voraussetzung für gelingende Inklusion (vgl. Werning/Avci-Werning, 2015, S. 15f.).

### Schlussfolgerung: Elementare didaktische Aufgaben

Zu dem ersten Schritt der würdigenden, wertschätzenden Wahrnehmung der Lernenden mit dem Ziel, ihnen ins Lernen zu helfen, muss nun ein Element hinzutreten, nämlich die Klärung „standardisierter" und differenzierter Ziele. Das dritte Element wird die Frage nach geeigneten Lernarrangements, Methoden und Aufgaben darstellen. Aus diesen drei Elementen leiten sich drei Grundaufgaben der Lehrprofessionalität ab (vgl. Abb. 5, S. 27). Diese drei Schritte stehen in einer stetigen Wechselwirkung. Die Darstellung der drei Grundaufgaben könnte prinzipiell an jeder der drei Stationen ihren Ausgang nehmen: Die Wahrnehmung und Feststellung von Lernausgangslagen (1.) erlaubt die Festsetzung und Differenzierung von Zielen (2.), für deren Erreichung bestimmte Impulse und Lernarrangements, Methoden und Aufgaben (3.) hilfreich sein mögen. Die drei Schritte beschreiben also gewissermaßen *deskriptive, normative* und *performative* Anteile der Lehrprofessionalität, die sich von einander unterscheiden, aber nicht trennen lassen. Alle drei Schritte haben jedoch Auswirkungen auf die jeweils anderen, aber sie liegen auf unterschiedlichen Ebenen: Lern- und Bildungsziele (2.) sind nicht etwa ins Belieben der Lehrkraft gestellt, sondern liegen in Form von curricularen Vorgaben – Lehr- und Bildungsplänen – dem didaktischen Handeln der Lehrkraft längst voraus; sie bedürfen jedoch der Aneignung und der Differenzierung durch die Lehrkräfte. Lernausgangslagen sind durch Lehrkräfte möglichst genau zu wahrzunehmen (1.), aber sie werden sich durch pädagogisches und didaktisches Handeln fortwährend verändern. Und schließlich: *Methoden, Aufgaben, Impulse und Lernarrangements* (3.) beschreiben und bestimmen das eigentliche Feld des didaktischen Handwerks, sie sind aber immer in ein stimmiges Verhältnis zu bringen mit den *Wahrnehmungen* (1.) und den *Zielen* (2.).

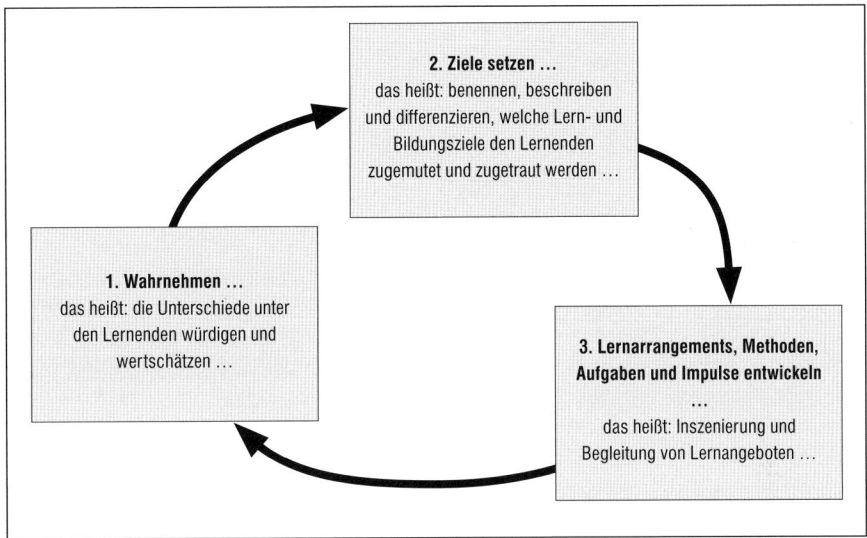

Abb. 5: Elementare didaktische Aufgaben

Was aber nicht gelingen wird, ist der Einstieg über die Beschreibung von Methoden und Aufgaben „als solchen", die die Herausforderung durch die Vielfalt oder Heterogenität der Schülerinnen und Schüler gleichsam „erledigen": Methoden „machen" keinen Unterricht, sie erübrigen nicht die Reflexion über Lernziel und Lernerfolg, Methoden sind kein Königsweg zum Umgang mit Differenz, sondern *Methoden* (3.) setzen *Ziele* (2.) und diese wiederum *Wahrnehmungen* voraus.

Der didaktische Umgang mit der Vielfalt der Lernvoraussetzungen der Lernenden beginnt deshalb mit der würdigenden und wertschätzenden *Wahrnehmung von Differenz* (1.), wofür das folgende Kapitel steht. Die sich aus den *Wahrnehmungen* (1.) ergebende Frage wäre – im Sinne einer medizinischen oder technischen Diagnose – deshalb unerträglich reduziert, wenn man lediglich wissen wollte, was den Lernenden zum Funktionieren oder zum Gesunden *fehlt*. Die didaktische Frage muss vielmehr lauten, was die Lernenden zum Gelingen *mitbringen* bzw. was sie zum Erfolg noch *brauchen*.

Um diese Frage genauer fassen und mit Methoden, Aufgaben und Lernarrangements beantworten zu können (3.), muss als Zwischenschritt nach der Formulierung, Klärung und Differenzierung von Zielen (2.) nachgedacht werden. Aus diesem Dreischritt folgt der Aufbau dieses Buches:

▶ Wahrnehmung von Vielfalt (vgl. Kap. 2),

▶ Standardisierung und Differenzierung von Zielen (vgl. Kap. 3) und

▶ Methoden, Aufgaben und Lernarrangements (vgl. Kap. 4 und 5).

Dass es dabei niemals nur um technische Abläufe oder ein Programm gehen kann, soll der nachstehende klassische Text in Erinnerung rufen.

**Adler steigen keine Treppen**

Der Pädagoge hatte seine Methoden aufs genauste ausgearbeitet; er hatte – so sagte er – ganz wissenschaftlich die Treppe gebaut, die zu den verschiedenen Etagen des Wissens führt; mit vielen Versuchen hatte er die Höhe der Stufen ermittelt, um sie der normalen Leistungsfähigkeit kindlicher Beine anzupassen; da und dort hatte er einen Treppenabsatz zum Atemholen eingebaut und an einem bequemen Geländer konnten die Anfänger sich festhalten. Und wie er fluchte, dieser Pädagoge! Nicht etwa auf die Treppe, die ja offensichtlich mit Klugheit ersonnen und erbaut worden war, sondern auf die Kinder, die kein Gefühl für seine Fürsorge zu haben schienen.

Er fluchte aus folgendem Grund: solange er dabeistand, um die methodische Nutzung dieser Treppe zu beobachten, wie Stufe um Stufe emporgeschritten wurde, an den Absätzen ausgeruht und sich an dem Geländer festgehalten wurde, da lief alles ganz normal ab. Aber kaum war er für einen Augenblick nicht da: sofort herrschten Chaos und Katastrophe! Nur diejenigen, die von der Schule schon genügend autoritär geprägt waren, stiegen methodisch Stufe um Stufe, sich am Geländer festhaltend, auf dem Absatz verschnaufend, weiter die Treppe hoch – wie Schäferhunde, die ihr Leben lang darauf dressiert wurden, passiv ihrem Herrn zu gehorchen, und die es aufgegeben haben, ihrem Hunderhythmus zu folgen, der durch Dickichte bricht und Pfade überschreitet.

Die Kinderhorde besann sich auf ihre Instinkte und fand ihre Bedürfnisse wieder: eines bezwang die Treppe genial auf allen Vieren; ein anderes nahm mit Schwung zwei Stufen auf einmal und ließ die Absätze aus; es gab sogar welche, die versuchten, rückwärts die Treppe hinaufzusteigen und die es darin wirklich zu einer gewissen Meisterschaft brachten.

Die meisten aber fanden – und das ist ein nicht zu fassendes Paradoxon –, daß die Treppe ihnen zu wenig Abenteuer und Reize bot. Sie rasten um das Haus, kletterten die Regenrinne hoch, stiegen über die Balustraden und erreichten das Dach in einer Rekordzeit, besser und schneller als über die sogenannte methodische Treppe; einmal oben angelangt, rutschten sie das Treppengeländer runter ... um den abenteuerlichen Aufstieg noch einmal zu wagen. Der Pädagoge macht Jagd auf die Personen, die sich weigern, die von ihm für normal gehaltenen Wege zu benutzen. Hat er sich wohl einmal gefragt, ob nicht zufällig seine Wissenschaft von der Treppe eine falsche Wissenschaft sein könnte, und ob es nicht schnellere und zuträglichere Wege gäbe, auf denen auch gehüpft und gesprungen werden könnte; ob es nicht, nach dem Bild Victor Hugos, eine Pädagogik für Adler geben könnte, die keine Treppen steigen, um nach oben zu kommen?

(Freinet 1980, S. 17f.)

## 2.2 Individuum und Vielfalt

Der Begriff *Individuum* stammt aus dem Lateinischen und bezeichnet im geistes- und sozialwissenschaftlichen Bereich, zu dem auch die Bildung zählt, sinngemäß dasselbe, was für den naturwissenschaftlichen Bereich das griechische Wort *Atom* benennt, nämlich das Unteilbare oder die letzte unteilbare Ganzheit. Man kann sich das leicht veranschaulichen anhand einer in der pädagogischen

Praxis nicht unüblichen Aufstell- oder Sortierübung. So könnte sich beispielsweise ein Lehrerkollegium in einem ersten Schritt aufteilen nach Geschlechtern,
anschließend nach Fachbereichen oder Fachschaften. Im nächsten Schritt könnten sich die entstandenen Gruppen aufteilen nach Studien- oder Wohnorten, danach nach Geburtsjahren, nach Religionszugehörigkeit, nach Sternzeichen oder
nach Dioptrienzahl ihres Sehvermögens. Diese Schritte der immer weiteren Auf-
teilung oder Differenzierung kämen dann an ein Ende, wenn es – buchstäblich! –
nichts mehr aufzuteilen gäbe, weil es nur noch unteilbare, einzelne Menschen
oder eben Individuen gäbe. Und diese Individualität, Einzigartigkeit und Unver-
wechselbarkeit jedes Menschen bedeutet umgekehrt: mehr als zwei Individu-
en erzeugen Vielfalt.

## 2.2.1 Vielfalt oder Heterogenität? Eine Übung

Was heißt nach diesem noch sehr unbestimmten, also eher trivialen Verständnis
von Individualität dann aber Vielfalt in der Lerngruppe und im Klassenzimmer?
    Diese Frage lässt sich praktisch mit folgender Übung beantworten, die sich
in zwei Schritten vollzieht. Der erste Schritt besteht in einer Selbstbesinnung,
der zweite Schritt folgt dem Grundrhythmus des Kooperativen Lernens: Think –
Pair – Share[3] (Green/Green 2005).
    Zunächst geht es darum, den Stoßseufzer, die Schülerinnen und Schüler seien
„alle so verschieden", mit inhaltlichen Konkretionen zu füllen. Die Reflexions-
aufgabe lautet:

> Richten Sie bitte Ihr inneres Auge auf eine Ihrer Lerngruppen und benennen Sie die
> Unterschiede unter den Schülerinnen und Schülern, die Sie wahrnehmen. Was meinen Sie
> mit dem Satz: „Die sind alle so verschieden!" – In welcher Hinsicht oder in welchen
> Hinsichten sind die Lernenden unterschiedlich?

Erfahrungsgemäß werden nun Beobachtungen und Sachverhalte genannt, die
etwa lauten:
Die Schülerinnen und Schüler sind unterschiedlich hinsichtlich ihrer
▶ Arbeitshaltungen
▶ Lerntypen
▶ Vorerfahrungen
▶ kognitiven Fähigkeiten
▶ Geschlechter
▶ familiären und biografischen Hintergründe

---

[3] In der deutschen Bearbeitung wiedergegeben als „Denken – Austauschen – Vorstellen" (vgl. Brünning/Saum
    2009, S. 25).

▸ Lerntempi

▸ Temperamente

▸ Entwicklungsstände

▸ kulturellen, religiösen und ethnischen Hintergründe

▸ Einfälle, Assoziationen

▸ Bedürfnisse an Aufmerksamkeit und Zuwendung

▸ Neigungen und Interessen

▸ Anpassungsfähigkeit und Frustrationstoleranz

▸ Fähigkeit, Misserfolge zu verarbeiten

▸ Kreativität, Ausdrucksmöglichkeiten

▸ sozioökonomischen Hintergründe

▸ …

Allein schon diese unvollständige Aufzählung lässt erkennen, dass es wenig erhellend ist, von „der Vielfalt" der Schülerinnen und Schüler zu reden. Vielfalt im Singular gibt es nicht, es handelt sich vielmehr immer um eine *Vielfalt von Vielfalten*; Vielfalt ist selbst vielfältig. Dies wird vor allem durch den zweiten Schritt dieser Übung deutlich und bewusst. Sie folgt der sogenannten *Ampelmethode* (Ziener/Kessler 2012).

Schon beim Sammeln der Wahrnehmungen von Vielfalten im ersten Schritt macht sich häufig bemerkbar, dass die genannten Konkretionen von Vielfalt äußerst unterschiedlich konnotiert sind, sie erzeugen gewissermaßen unterschiedliche Pulsfrequenzen bei Lehrkräften. Es gibt Formen der Vielfalt in Lerngruppen, die als außerordentlich belastend oder gar überfordernd empfunden werden; daneben gibt es Formen der Vielfalt, die die Lehrkraft irritieren und anstrengen. Aber es gibt auch solche Formen von Vielfalt, die den Unterricht und die Lerngemeinschaft außerordentlich beleben und ohne die man sich Unterricht und Lernen nur ungern vorstellen mag. Diese Unterscheidung möchte die *Ampelmethode* sichtbar und bewusst machen.

**Ampelmethode**
Jede Lehrkraft erhält drei Zettel im DIN-A5-Format in den Ampelfarben rot, gelb und grün. Auf den roten Zetteln steht: „Da sehe ich rot! – Formen von Vielfalt in der Lerngruppe, die mich überfordern, für die ich keine Lösung anbieten kann: …" Auf den gelben Zetteln steht: „Gelbes Warnlicht! – Formen von Vielfalt in der Lerngruppe, die mich fordern, die mich anstrengen, die ich gern verringern würde: …" Auf den grünen Zetteln steht: „Grünes Licht! – Formen von Vielfalt, die ich als Gewinn erlebe, die ich nutzen kann, auf die ich gar nicht verzichten will: …" Die Lehrkräfte halten zunächst ihre persönlichen, individuellen Wahrnehmungen und Einschätzungen fest. Dafür benötigen sie ca. 5–10 Minuten Zeit. In einem zweiten Schritt tauschen sie sich für ca. 5 Minuten mit Tischnachbarinnen und -nachbarn aus, um schließlich ihre ausgefüllten Zettel nach Farben sortiert an einer Pinnwand anzubringen. Die Methode folgt damit dem klassischen Dreischritt des Kooperativen Lernens: Think – Pair – Share.

Das Ergebnis dieser Übung lässt sich vor dem Hintergrund zahlreicher Durchführungen folgendermaßen beschreiben und systematisieren:

▶ Auf den Zetteln stehen in der Regel alle oben genannten Wahrnehmungen von Vielfalt und selbstverständlich zahlreiche Dubletten. Dabei fällt zweierlei auf: Es gibt sowohl Wahrnehmungen von Vielfalt in den Lerngruppen, die sich bevorzugt auf den Zetteln einer Farbe finden, insbesondere der roten. Dieser Umstand muss im Folgenden noch einmal genauer betrachtet werden. Daneben gibt es aber auch Wahrnehmungen von Vielfalt, die unterschiedlichen Farben und bisweilen sogar allen drei Farben zugeordnet werden. Dies bedeutet, dass die Wahrnehmung und individuelle Bewertung von Vielfalt subjektiv und darüber hinaus abhängig sein kann von Situation, Person und Unterrichtsfach, um nur einige Faktoren zu nennen. Jeder und jede kennt die Erfahrung, dass die eine Lehrkraft eine Lerngruppe als „lebhaft, anregungsreich, gesprächsfähig und kreativ" empfindet und beschreibt, die eine andere Lehrkraft als „unruhig, laut und schwierig" erlebt. Ähnliche Beobachtungen lassen sich häufig im Blick auf Phänomene wie „kulturelle Vielfalt" oder die Vielfalt der Vorerfahrungen machen. Daneben gibt es Formen von Vielfalt – etwa der körperlichen Voraussetzungen, der religiösen oder der sexuellen Orientierung –, die zwar bewusst sind, aber gar nicht der Erwähnung für wert gehalten werden, weil sie entweder für bestimmte Fächer völlig irrelevant sind, längst berücksichtigt – oder auch völlig unterschätzt werden. Kurzum: Die Wahrnehmung und Bewertung von Vielfalt ist vielfältig, d. h. subjektiv, und Vielfalt ist mehrdeutig und ambivalent.

▶ Es gibt in aller Regel bei dieser Übung keine Kollegin und keinen Kollegen, die oder der nicht alle drei Farben nutzen, d. h. alle drei Bewertungen von Vielfalt bestätigen könnte. Das bedeutet: Vielfalt in der Lerngruppe ist auch in dieser Hinsicht vielfältig, dass es geradezu weltfremd wäre, von *der Vielfalt* zu reden. Das Phänomen *der Vielfalt* ist selbst so vielfältig, dass es unsinnig ist, auf *die* Methode oder *das* Lernarrangement für den didaktischen Umgang mit Vielfalt zu hoffen. So vielfältig die Vielfalt ist, und zwar sowohl hinsichtlich ihrer Phänomene als auch ihrer subjektiven und persönlichen Wahrnehmungen und Bewertungen, so wenig gibt es den einen Königsweg für den Umgang mit Vielfalt.

▶ Der beschriebene Umstand, dass in der Regel alle Kolleginnen und Kollegen alle drei Farben nutzen und damit alle drei Einschätzungen oder Erfahrungen von der Vielfalt als Überforderung über die der Irritation bis hin zum Gewinn kennen und bestätigen, lässt sich ein weiterer Schluss ziehen. Vielfalt ist auch in dieser Hinsicht mehrdeutig und ambivalent, dass es neben aller Mühe oder gar Furcht vor Vielfalt längst und zahlreich die – häufig gar nicht bewusste – Erfahrung des didaktischen und pädagogischen Gewinns durch Vielfalt gibt. Bei Lehrerbildungsmaßnahmen zum Thema *Vielfalt* heften sich verständlicherweise alle Augen auf die Pinnwand mit den roten Zetteln: Wird es gelingen, die bedrohlichen Aspekte von Vielfalt zu verringern oder gar zu beseitigen? Genau aufgrund dieser Erwartung lohnt ein Blick auf die grünen Zettel: Welche der Gelingens-Erfahrungen im Umgang mit Vielfalt könnten sich als Inspirationen für die als problematisch empfundenen Aspekte von Vielfalt auswirken – was lässt sich von der Erfahrung des Gelingens ableiten und lernen für die Herausforderungen oder Bedrohungen? Wie lassen sich Erfolgserlebnisse für „Selbstwirksamkeitserwartung" der Lernenden nutzen (Bandura 1970)?

Um diesen letzten Gedanken aufzunehmen, wird im Folgenden eine Variante der „Ampelmethode" beschrieben. Sie besteht darin, dass die Kolleginnen und Kollegen auf ihren beschrifteten roten, gelben und grünen Zetteln vor dem Aufhängen ein Namenskürzel anbringen, damit sie ihre eigenen Zettel in der Menge noch identifizieren können. Nach einer bestimmten Dauer, womöglich auch mehrere Male über einen längeren Verlauf hinweg, begeben sich die Kolleginnen und Kollegen an die drei Pinnwände und prüfen, ob es Zettel bzw. Begriffe und Einschätzungen gibt, die ihre farbliche Zuordnung gewechselt haben. Gibt es Zettel, die abgehängt werden können oder in einer anderen Farbe aufgeschrieben werden können? Es lässt sich mithin mit dieser „Ampelmethode" auch ein längerer (Lern- und Entwicklungs-)Prozess begleiten und reflektieren. Der Schluss liegt nahe, dass der Prozess dann ideal verlaufen wäre, wenn an seinem Ende alle roten Zettel verschwunden bzw. grün geworden wären. Man könnte ebenso gut vereinbaren, dass die roten Zettel mindestens gelb werden sollten oder sich auf ein tolerierbares Minimum von roten Zetteln verständigen, für das ggf. andere, z. B. strukturelle, Lösungen gefunden werden müssen.

Die besonders hartnäckigen unter den roten Zetteln verdanken sich bisweilen auch einem Missverständnis. Es finden sich auf diesen Zetteln häufig gar keine Phänomene von Vielfalt, sondern Phänomene, die womöglich im Übermaß oder paradoxerweise sehr „homogen" und durchgängig erlebt und erlitten werden, und zwar in Form von Belästigungen und Störungen: Unpünktlichkeit; regelwidriges, rücksichtsloses, dem Lernklima abträgliches Verhalten. Um es sarkastisch auszudrücken: Im schlimmsten Fall erzeugen Verhaltensauffälligkeiten eine neue Form der Homogenität, wenn nämlich *alle* stören und *niemand* mehr mitarbeitet. Damit soll das Problem der Unterrichtsstörungen und Verhaltensauffälligkeiten nicht bagatellisiert werden. Aber zu einem Problem des Umgangs mit Vielfalt wird es erst dann, wenn zu unterschiedliche Formen der Anpassungsfähigkeit, Kooperationsfähigkeit, Verhaltensoriginalität oder Rücksichtnahme, um nur einiges zu nennen, im selben Raum aufeinandertreffen. Es ist keine Frage, dass die zuletzt genannten Formen von Vielfalt sich auf missliche Weise mit allen anderen Phänomenen verbinden und überlagern können. Vielfalt ist vielfältig und mehrdeutig. Die Vielfalt von Lernvoraussetzungen kann den Unterricht bereichern und kann ihn belasten, zumal weitere Belastungsfaktoren und Störungen zur Vielfalt hinzutreten können. Umso mehr gilt: Die *eine* Vielfalt gibt es nicht, und deshalb gibt es auch nicht die *eine* Methode oder den Königsweg für den Umgang mit Vielfalt. Aber genauso wichtig ist festzuhalten, dass es überall auch Formen von bereichernder Vielfalt und Erfahrungen des Gelingens im Umgang mit Vielfalt gibt.

## 2.2.2 Zusammenfassung: Individualität, Vielfalt und Heterogenität

Um das alltägliche Unterrichtsphänomen der Vielfalt und Pluralität von Lerntypen und -voraussetzungen auf Seiten der Schülerinnen und Schüler in den Blick zu bekommen, wurde bewusst auf die Begriffe *Individualismus* oder *Individualisierung* verzichtet. Die Herangehensweise war nicht gesellschafts- oder sozialwissenschaftlich und auch nicht psychologisch oder kulturtheoretisch akzentuiert, sondern ausschließlich erfahrungsbezogen und beschreibend. Nach Ursachen oder Bewertungen solcher Wahrnehmungen von Individualität und Vielfalt etwa in den politischen Entwicklungen des zurückliegenden 20. Jahrhunderts, dem Verblassen der „Großen Erzählungen", der Postmoderne oder der „Neuen Unübersichtlichkeit" wurde nicht gefragt. Und dies nicht etwa deshalb, weil solche analytischen Zugriffe keine Bedeutung hätten, sondern weil sie in der hier verfolgten Suchbewegung eher dazu geeignet sein könnten, den Blick abzulenken von der zentralen Frage nach den Anforderungen und Herausforderungen für Lehrkräfte angesichts der faktischen Vielfalt und Pluralität der Schülerinnen und Schüler. Eine folgenreiche Bewertung dieser Vielfalt könnte sich bereits dort abzeichnen, wo sie als eine problematische oder gar störende „Heterogenität" bezeichnet wird. Wir bleiben beim Begriff der *Vielfalt* und fragen deshalb: Welche Formen von Vielfalt erfordern didaktische Antworten – und worin könnten solche Antworten bestehen? Dieser Suchbewegung steht eine nachvollziehbare, aber vergebliche Sehnsucht von Lehrkräften nach größerer Homogenität von Lerngruppen entgegen, die man geradezu als „Homogenitätsparadox" bezeichnet hat. Trotz des eingangs zitierten Stoßseufzers von Lehrkräften, die Lernenden seien „so unglaublich heterogen", kann man gleichzeitig beobachten, dass Lehrkräfte die bestehenden Differenzen zwischen Lernenden regelrecht leugnen (vgl. Auernheimer 1996, S. 50 ff.). Eine Erklärung für diese Paradoxie fand sich in der in diesem Kapitel geschilderten Übung: *Die Vielfalt* gibt es nicht, sondern immer nur eine *Vielfalt von Vielfalten*, die subjektiv und situationsbedingt unterschiedlich wahrgenommen und empfunden werden und deshalb ambivalent sind. Geauso wenig wird es deshalb *die eine Antwort* auf diese vielfältige Herausforderung geben können.

# 3 Kompetenzorientierung als Standardisierung

Dieses Buch und insbesondere das nun folgende Kapitel konzentrieren sich auf den Begriff und den Ansatz der *Kompetenzorientierung*. Inmitten der nun seit etwa zehn Jahren währenden Diskussion um „kompetenzorientiertes Unterrichten" fällt ein bemerkenswertes Missverhältnis auf: Die meisten Diskussionsbeiträge beziehen sich in seltener Einmütigkeit auf ein- und dieselbe Definition von Kompetenz, wie sie von Franz Emmanuel Weinert im Jahr 2003 vorgeschlagen wurde. Gleichzeitig beklagen Theoretiker wie Praktiker, man wisse immer noch nicht, was eigentlich mit dem Begriff *Kompetenz* gemeint sei bzw. es ermangele eines klaren Kompetenzbegriffs. Im folgenden Kapitel geht es deshalb nicht in erster Linie um die Schärfung einer Begriffsdefinition, sondern um das Ringen um ein Verständnis von *Kompetenz*, das dem didaktischen Denken, Planen und Handeln Orientierung zu geben vermag. Der Ausgangspunkt ist deshalb nicht der Begriff, sondern das Erfahrungswissen der Unterrichtenden. Erfahrungswissen wiederum entsteht aus reflektierter Praxis. Und es wird sich zeigen, dass Lehrkräfte – womöglich ohne es zu wissen – längst wissen , was sie wissen müssen, um zu können, was sie können müssen, aber dass sie ihr Können professioneller und effektiver einsetzen könnten, wenn sie wüssten, reflektieren und kommunizieren könnten, was sie längst tun.

## 3.1 Von der Inhalts- zur Kompetenzorientierung: eine PISA-Lese-Aufgabe und eine Zuspitzung

Der hier vertretene didaktische Ansatz begreift sich im eigentlichen Sinne als *Didaktik plus Mathetik*: als Lehre über die Kunst des Lehrens in der Verknüpfung mit der Perspektive des Lernens. Was aber können Lehrende über das Lernen lernen? Dieser Frage nähern wir uns an über eine fokussierte Erfahrung aus einer der der folgenreichsten Lernerfolgsstudien der jüngsten Vergangenheit.

Bei der landläufig als *PISA*-Studie bezeichneten weltweiten Schulleistungsuntersuchung handelt es sich bekanntlich um eine seit dem Jahr 2000 in regelmäßigen Abständen im Auftrag der OECD durchgeführten Untersuchung der Lesefähigkeit, der mathematischen und der naturwissenschaftlichen Fähigkeiten von 15-jährigen Schülerinnen und Schülern.

Eine der inzwischen auch aus zahlreichen Veröffentlichungen bekannte Lese-Aufgabe aus der ersten Erhebung im Jahr 2000 ist die sogenannte „Tschadsee-Aufgabe". Sie besteht aus nachfolgendem Text, der dazugehörigen Grafik und einer Frage mit Antwortmöglichkeiten (vgl. S. 37).

Im Multiple-Choice-Verfahren kann es in diesem Falle nur eine Antwort geben: entweder eine Antwort in Form eines bestimmten Zahlenwertes für die aktuelle Wassertiefe des Tschadsees oder einer qualifizierten Begründung für die Unlösbarkeit der Aufgabe. Eine besondere Schwierigkeit dieser Aufgabe besteht nun darin, dass weder der Text noch die Grafik jeweils für sich genommen

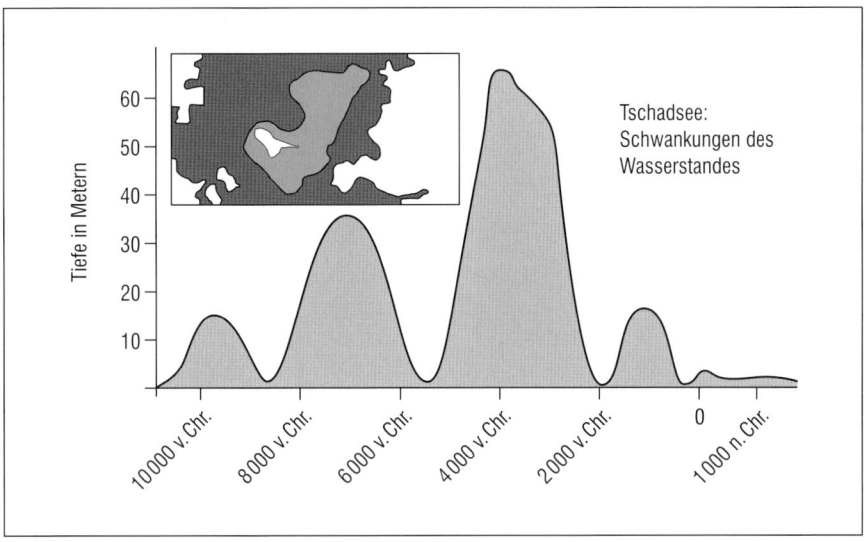

—Ⓐ

Die Abbildung zeigt die Schwankungen des Wasserstandes des Tschadsees in der Sahara in Nordafrika. Während der letzten Eiszeit, etwa 20 000 v. Chr., verschwand der Tschadsee vollständig. Um etwa 11 000 v. Chr. entstand er wieder neu. Heute hat er etwa den gleichen Wasserstand wie im Jahre 1000 n. Chr.

2. Wie tief ist der Tschadsee heute?

A etwa zwei Meter

B etwa fünfzehn Meter

C etwa fünfzig Meter

D Er ist vollständig verschwunden.

E Diese Information wird nicht gegeben.

…

die hier als Aufgabe 2 hinzugefügte Frage nach der aktuellen Tiefe des Tschadsees beantwortbar machen. Erst die Verknüpfung des letzten Satz des Textes mit der Grafik, weist eine Antwortmöglichkeit als zutreffend aus: „Heute hat der Tschadsee etwa den gleichen Wasserstand wie im Jahre 1000 n. Chr.", was laut der Grafik etwa zwei Meter (A) bedeutet.

Nun lässt sich über die Sinnhaftigkeit dieser Aufgabe gewiss trefflich streiten, wie es etwa Horst Rumpf (2004, S. 76f.) eindrucksvoll und scharfzüngig unternommen hat. Man kann etwa fragen, ob die Art der vorgegebenen Antworten nicht die Kreativität der Schülerinnen und Schüler unzulässig einschränke – wie soll ein Jugendlicher die Aufgabe bearbeiten, der sich etwa die Frage stellt, woher man überhaupt die Wasserstände über so lange Zeit hinweg noch feststellen kann? – oder warum 15-Jährige so etwas überhaupt „wissen" müssten. Solche Einwände sind ernsthaft zu erwägen. Sie übersehen aber einen anderen Sachverhalt. Nachforschungen unter Jugendlichen, die diese Aufgabe falsch gelöst oder übersprungen hatten, ergaben nämlich in etlichen Fällen die sinngemäße Begründung der Betreffenden, sie hätten diese Aufgabe nicht lösen können, weil *dieser See im Unterricht gar nicht durchgenommen worden* sei. Was in dieser Schülerantwort zum Ausdruck kommt, verdient Aufmerksamkeit. Die *PISA*-Ergebnisse können jedenfalls – bei allem Streit um die notwendigen Ursachen und Konsequenzen – nicht so gedeutet werden, dass etwa in deutschen Schulen *immer noch zu wenige Seen unterrichtet* würden. Allgemeiner ausgedrückt, dass in deutschen Schulen künftig wieder *mehr Inhalte, Stoffe und Lerngegenstände* durchgenommen werden sollten. Das Problem dieser hier pointiert herausgegriffenen Tschadsee-Aufgabe wäre damit nicht zu heilen, zumal die Aufgabe mitnichten Wissensbestände über den Tschadsee abfragt. Schulisches Lehren und Lernen kann und wird sich grundsätzlich immer nur exemplarisch vollziehen (vgl. Klafki 1953). Niemand kann alles lehren und niemand wird oder muss jemals alles wissen. Diese Grundeinsicht führt zu folgender Zuspitzung: Wir verhandeln in den didaktischen Diskussionen der letzten Jahre weniger die Frage: Unterrichten wir eigentlich *die richtigen Sachen*? – als vielmehr die Frage: Unterrichten wir eigentlich *die Sachen richtig*?

Diese Zuspitzung mag man für trivial halten, doch sie ist folgenreich, und zwar in zweifacher Hinsicht. Zum einen muss man sich nur die immer wieder im Zuge von Lehr- und Bildungsplanrevisionen aufflackernde Diskussion um die „Verschlankung" und „Entrümpelung" dieser Pläne in Erinnerung rufen. Scheinen den einen die Lehrpläne notorisch zu überfüllt, misstrauen die anderen offenbar dem exemplarischen Lernen. Rein quantitativ lässt sich dieses Problem offenbar nicht lösen. Zum anderen zeigt sich in dieser Zuspitzung eine wichtige Akzentverschiebung *weg* von den „Sachen", den Inhalten und dem „Stoff" *an sich* – hin zu der Frage nach der *Art und Weise*, wie die Sachen den Lernenden und die Lernenden den Sachen im Bildungsprozess begegnen. Auch diese Überlegung ist alles andere als neu oder originell. Entscheidend ist die Frage, welche Bedeutung in dieser Zuspitzung das Wort „richtig" hat. Eine sehr vorläufige Antwort könnte am Beispiel der Tschadsee-Aufgabe lauten: „Richtig" zu lehren hieße, jungen Menschen durch die exemplarische Begegnung mit geeigneten Lerninhalten zu einem sachgerechten Leseverständnis und zu problemlösendem Handeln, also zu einem „kompetenten" Umgang mit den „Sachen" zu verhelfen. Es geht demnach nicht um die falsche Alternative: *Inhalte oder Kompetenzen*, sondern – um an die berühmte Formel von Hartmut von Hentig (1984) zu erinnern – stets darum, die Menschen zu stärken *und* die Sachen zu klären, sprich: eine an den „Sachen" geschulte Kompetenz anzustreben.

# 3.2 Kompetenzen

Definitionen haben die Aufgabe, Begriffe und Sachverhalte von einander abzugrenzen. Der in diesem Buch verfolgte Begriff von *Kompetenz* will jedoch darüber hinaus pädagogisch und didaktisch Handelnden Orientierung geben und dafür ein bestimmtes Verständnis wecken. Das wirksamste, weil handlungsleitende Verständnis erwächst jedoch, so die Überzeugung des Autors, aus dem eigenen Verstehen. Zur Gewinnung eines wirksamen, also handlungsleitenden Verständnisses wird deshalb in diesem Buch ein induktiver Weg eingeschlagen. Das Ergebnis dieses Weges gilt es sodann zu vergleichen mit gängigen Definitionen für Kompetenz, um schließlich festzustellen: Was Lehrkräfte selbst unter „Kompetenz" verstehen – vielleicht, ohne es selbst so zu bezeichnen! –, ist höchst trag- und anschlussfähig, es bedarf lediglich der Adaption an in der Diskussion üblichen Begriffen und Systemen wie die der *Einheitlichen Prüfungsanforderungen für das Abitur (EPA)* – und einiger Modifikationen.

### 3.2.1 Eine Eingangsübung

Die folgende Eingangsübung zielt auf ein gemeinsames Grundverständnis von Kompetenzorientierung, ohne diesen Begriff zunächst zu gebrauchen.

**Reflexion**

▶ Besinnen Sie sich bitte für den nächsten Augenblick auf einen beliebigen Unterrichtsgegenstand, einen Inhalt, ein Thema Ihrer Wahl – einen Sachverhalt, den Sie beispielsweise soeben unterrichtet haben oder demnächst unterrichten sollen oder wollen. Notieren Sie dieses Thema mit einem Stichwort und ergänzen Sie gegebenenfalls einige zentrale Inhalte, die für Sie zu diesem Inhalt oder Thema unbedingt hinzugehören. Im Bild gesprochen: Wenn Sie dieses Thema unterrichten, was stecken Sie dann alles in Ihre Tasche?

▶ Stellen Sie sich nun bitte vor, Sie hätten diesen soeben gewählten Sachverhalt, diesen Inhalt oder dieses Thema nun unterrichtet. Sie wären – zeitlich gesprochen – nun mehrere Stunden oder Wochen vorangeschritten und hätten dieses Thema in Ihrer Lerngruppe – wie vorläufig auch immer – „abgeschlossen". Formulieren Sie nun bitte mithilfe des folgenden Halbsatzes Ihre Erwartungen an den Ertrag Ihrer didaktischen Bemühungen. Ergänzen Sie bitte folgenden Satz:
„Am Ende von ... Stunden Unterricht bzw. Lernzeit zum Thema ... erwarte (erhoffe) ich/ möchte ich erreicht haben, dass die Schülerinnen und Schüler nun ...

Bei der Eingangsübung geht es um eine induktive Erschließung aus dem Erfahrungswissen der daran Teilnehmenden. Sie wurde in den vergangenen Jahren im Rahmen von Fortbildungs- und Informationsveranstaltungen unzählige Male und mit den unterschiedlichsten Personengruppen aus Schule und anderen Bildungseinrichtungen, der Schulverwaltung, aber auch der Elternschaft durchgeführt.

Sollten Sie als Leserin oder Leser diese Übung in diesem Moment selbst durchführen, dann sollten Sie erst die folgenden Zeilen lesen. Aus Ermangelung eines konkreten Gegenübers werden im Folgenden Beispiele für die Bearbeitung dieser Übung aus der Fortbildungsarbeit zitiert:

**Ⓑ**

▶ Sachunterricht: Die Frühblüher
(Am Ende ... erwarte [erhoffe] ich, dass die Schüler/-innen nun) Frühblüher in der Natur oder auf Abbildungen erkennen und benennen sowie ... die Bezeichnung „Frühblüher" erläutern können; ... dass sie staunen und sich freuen können sowie Respekt vor der Natur zeigen.

▶ Geschichte: Die Weimarer Republik
(Am Ende ... erwarte [erhoffe] ich, dass die Schüler/-innen nun) ... die wichtigsten historischen Daten dieses Zeitraums nennen und das Scheitern der Weimarer Republik erläutern können; ... an diesem Beispiel Geschichtsbewusstsein entwickeln.

▶ Religion: Die Welt als Gottes Schöpfung
(Am Ende ... erwarte [erhoffe] ich, dass die Schüler/-innen nun) ... unterschiedliche Weltbilder hinsichtlich ihrer historischen Bedingtheit erläutern können; ... Glaubensaussagen von naturwissenschaftlichen Begründungen unterscheiden können.

▶ Mathematik: Lineare Gleichungen
(Am Ende ... erwarte [erhoffe] ich, dass die Schüler/-innen nun) das Prinzip der Proportionalität verstehen und lineare Zusammenhänge in ihrer Alltagswelt entdecken; ... verschiedene Lösungsmöglichkeiten anwenden können.

## 3.2.2 Kenntnisse, Fähigkeiten/Fertigkeiten und Einstellungen/Haltungen

Bei aller Unterschiedlichkeit lässt sich in diesen Satzergänzungen eine ganze Reihe von Gemeinsamkeiten feststellen.

▶ Allen diesen Satzergänzungen ist gemeinsam, dass sie Lernende am Ende oder nach Abschluss einer bestimmten Lernzeit in den Blick nehmen. Dieser Gedanke wird bei den Überlegungen zur Ausfertigung von Unterrichtsentwürfen (vgl. Kap. 5.2) sowie bei der Frage nach Methoden und Aufgaben (vgl. Kap. 4.6 und 4.7) noch eine wichtige Rolle spielen. Nicht zufällig melden die Autorinnen und Autoren solcher Satzergänzungen häufig zurück, sie hätten im Grunde soeben eine sehr verkürzte didaktische Reflexion durchgeführt, indem sie zu einem Thema ein Ziel formuliert hätten – und zwar aus der Perspektive bzw. mit dem Subjekt „die Schülerinnen und Schüler". Man kann in diesem Sinne also von schülerorientierten Lern- oder Bildungszielen sprechen.

▶ Diese Zielformulierungen zeichnen in ihrer Gesamtheit Bilder von gebildeten Menschen; sie offenbaren ein Bildungsverständnis, das auf drei Säulen ruht. Zum ersten, so erfährt man aus diesen Satzergänzungen, zielen Lernprozesse unverzichtbar (a) auf den Erwerb von Sachkenntnis, Informationen, auf Bescheid-Wissen und Sich-Auskennen, ganz gleich, ob es sich um die Frühblüher, mathematische Regeln und Gesetze oder historische Sachverhalte handelt. Zum zweiten gehört zum Bescheid-Wissen offenbar ebenso unverzichtbar (b) die Fähigkeit oder Fertigkeit zur Anwendung des Gewussten, der Umgang mit den Dingen und ihr Gebrauch. Und schließlich (c) klingt in den unterschiedlichen Sätzen das Bildungsziel einer entstehenden Relation zwischen dem oder der Lernenden und dem Sachverhalt sowie der Fertigkeit an, also eine lernförderliche und der Sache zugewandte Einstellung oder Haltung. Bei diesem Zusammen- und Wechselspiel von Kenntnissen, Fertigkeiten und Einstellungen handelt es sich um nichts Anderes als um das, was im allgemeinen Sprachgebrauch, aber auch in der pädagogischen Diskussion spätestens seit den 1970er-Jahren, als „Kompetenz" bezeichnet wird. Bevor diese Begriffsbestimmung im folgenden Abschnitt weiterverfolgt wird, ist noch auf zwei weitere Besonderheiten und Gemeinsamkeiten dieser Satzergänzungen hinzuweisen.

▶ Bedingt durch den angebotenen Halbsatz im zweiten Schritt dieser Übung bestehen die Satzergänzungen aus abhängigen Nebensätzen. Diese Nebensätze lassen sich leicht in selbstständige Hauptsätze mit dem Subjekt „Die Schülerinnen und Schüler" und dem Prädikat „können ..." überführen: Die Schülerinnen und Schüler können ...

– Frühblüher in der Natur oder auf Abbildungen erkennen und benennen sowie die Bezeichnung „Frühblüher" erläutern; ... staunen und sich freuen sowie Respekt vor der Natur zeigen.

– die wichtigsten historischen Daten dieses Zeitraums nennen und das Scheitern der Weimarer Republik erläutern; ... an diesem Beispiel Geschichtsbewusstsein entwickeln.

– unterschiedliche Weltbilder hinsichtlich ihrer historischen Bedingtheit erläutern; ... Glaubensaussagen von naturwissenschaftlichen Begründungen unterscheiden.

– das Prinzip der Proportionalität verstehen und lineare Zusammenhänge in ihrer Alltagswelt entdecken; ... verschiedene Lösungsmöglichkeiten anwenden.

Diese nun entstandenen Sätze, die von einer in den 1970er-Jahren ausgebildeten Lehrerschaft als „Lernziele" identifiziert würden, heißen nun – mit gewissen Einschränkungen – „Bildungsstandards". Warum? Die Bezeichnung dieser Ziele gelingender Lernprozesse lautet Bildungs*standards* nicht aufgrund einer dadurch beabsichtigten Normierung von Lernenden, sondern zunächst schlicht aufgrund ihrer hohen Plausibilität. Man ist bei der Durchführung dieser Übung regelrecht versucht, alle Satzergänzungen mit drei Bescheiden und einer Schlussfolgerung zu beantworten. Erstens: Möge es Ihnen gelingen! Zweitens: Die formulierten Lernziele oder Kompetenzen sind so plausibel, dass man deren Erreichung im Grund gar nicht *nicht* wollen kann – sie sollten geradezu als „Standards" zielführender Lernprozesse gesetzt sein. Das bedeutet: Die Erreichung dieser Kompetenzen kann und darf nicht abhängig sein von der jeweiligen Person, die diese Satzergänzung formuliert hat. Standard in diesem Sinne unterscheidet diese Bildungsziele von individuellen Vorlieben, Neigungen oder pädagogischen Überzeugungen der Lehrkräfte. Und schließlich drittens: Alle diese Satzergänzungen rufen die Frage wach: Was müsste infolgedessen auf dem Weg dorthin alles angeboten, instruiert, inszeniert und gelernt werden, damit die Lernenden am Ende hoffentlich die beschriebenen Kenntnisse, Fertigkeiten und Einstellungen erworben haben werden? Mit anderen Worten: Die Formulierung solcher von den Schülerinnen und Schülern konstruierten Ziele gelingender Lernprozesse nötigen zu einer Planung von Unterricht und Lernprozessen vom angestrebten Ziel aus, gewissermaßen vom angestrebten Ende her rückwärts zu den Lernwegen. Daraus ergibt sich eine erste, verblüffend einfache Definition für Kompetenzen – und eine ebenso verblüffend einfache Anforderung an „kompetenzorientierten Unterricht": „Kompetenzen" beschreiben das, was Lernende „können", indem sie sachkundig, handlungs- und reflexionsfähig sind. Und: Kompetenzorientiert ist Unterricht und sind Lernprozesse immer dann, wenn es gelingt, genau die im Zuge dieser Übung formulierten Kenntnisse, Fertigkeiten und Einstellungen – kurz: Kompetenzen – zu erreichen. Das Label „Kompetenzorientierung" verdient jeder Unterricht, der Schülerinnen und Schüler dazu verhilft, sachkundig, handlungs- und reflexionsfähig zu werden.

Eine Einschränkung ist an dieser Stelle noch notwendig, und zwar im Blick auf Schülerinnen und Schüler mit (attestiertem) sonderpädagogischem Förderbedarf. Es ist spannend mitzuerleben und deshalb auch dringend festzuhalten, dass diese Übung auch im Blick auf Kinder und Jugendliche mit Förderbedarf „funktioniert"; kein Mensch ist von der Möglichkeit, Kenntnisse, Fertigkeiten und Einstellungen zu erwerben, ausgeschlossen. Bildung ist universal und unteilbar. Die Einschränkung ergibt sich aber im Blick auf das Verständnis von Kompetenzen als *Standards*. Denn die Formulierung „Ich erwarte, dass die Schülerinnen und Schüler nun …" setzt ja voraus, dass die Ziele, die im zweiten Halbsatz folgen, prinzipiell und damit auch von allen erwart- und erfüllbar sind – was für bestimmte Schülerinnen und Schüler mit bestimmtem Förderbedarf unter Umständen gar nicht gelten kann. Sonderpädagoginnen und -pädagogen gehen mit diesem Umstand entweder in der Weise um, dass sie ihre Ziele auf einer höheren Abstraktionsebene formulieren oder indem sie ihre Ziele konkret auf einzelne Schülerinnen und Schüler hin formulieren. Dies bedeutet im einen Fall, dass die Kolleginnen und Kollegen beispielsweise unter der Fähigkeit, zu „lesen" oder zu „kommunizieren" auch Fähigkeiten zur nicht schriftsprachlichen Rezeption und Deutung von Symbolen, Zeichen, Gesten usw. subsumieren[4]; im anderen Falle lautet die Satzergänzung etwa: „... dass (Schülerin oder Schüler XY) Tageszeiten unterscheiden und dazu adäquate Entscheidungen treffen kann".

Als Zwischenergebnis gilt es festzuhalten:

▶ Kompetenzen setzen sich zusammen aus Kenntnissen, Fertigkeiten und Einstellungen, die erforderlich sind, um in variablen Situationen bestimmte Anforderungen zu bewältigen. Kompetenzen beschreiben, was ein Mensch kann, indem er sachkundig, handlungs- und reflexionsfähig ist.

▶ Kompetenz- oder Könnens-Beschreibungen als Ziele von Unterricht bedeuten eine Umkehr der Blickrichtung vom angestrebten Ziel auf Seiten der Lernenden hin zu der Frage: Auf welchen Wegen – also: mithilfe welcher Inhalte, Lernschritte und Lernformen – könnten die Lernenden dieses Ziel erreichen bzw. auf einen Weg in dieser Zielrichtung gebracht werden?

### 3.2.3 Kompetenz und Performanz

Bis hierher sollte deutlich geworden sein, dass der pädagogisch-didaktische Begriff von Kompetenz nicht mit dessen juristischer oder organisatorischer Verwendung zu verwechseln ist. Juristisch spricht man von Kompetenz, wenn man die Zuständigkeit für den Erlass von Hoheitsakten meint, also etwa der Gesetzgebungskompetenz. Im verwaltungsrechtlichen Sinne geht es bei Kompetenz um die Befugnis, Maßnahmen zur Erfüllung von Aufgaben zu ergreifen, für deren Bewältigung der Kompetenzträger die Verantwortung trägt. Im Gegensatz dazu geht es beim pädagogisch-didaktischen Gebrauch des Kompetenzbegriffs um ein Können, das aus dem Zusammenspiel von Kenntnissen, Fähigkeiten und Fertigkeiten sowie Einstellungen und Haltungen entsteht. „Kompetenz ist nach diesem Verständnis eine Disposition, die Personen befähigt, bestimmte Arten von Problemen erfolgreich zu lösen, also konkrete Anforderungssituationen eines bestimmten Typs zu bewältigen" (Klieme et al. 2003, S. 9). Der Begriff der *Anforderungssituation* wird uns noch intensiv beschäftigen (vgl. Kap. 4.7, S. 95). Hier sei auf eine zweite Bestimmung von Kompetenzen hingewiesen, die wiederum einer ganz anderen Quelle des Kompetenzbegriffs entstammt, nämlich der Sprachwissenschaft, genauer: der Linguistik. In der sogenannten Sprechakttheorie wurde lange vor der Pädagogik die Unterscheidung zwischen *competence* und *performance* eingeführt (Chomsky 1965, S. 4, zit. n. Helbig 1981, S. 297). Was ist damit gemeint? Wir können in unserem Alltag Folgendes beobachten: Wann immer Menschen miteinander kommunizieren, bedienen sie sich einer Sprache oder eines Systems von Zeichen, sonst würden sie einander nicht verstehen. Sprache steht in diesem Zusammenhang für ein Repertoire an Wörtern, die nach bestimmten grammatikalischen und syntaktischen Regeln mit-

---

4  So zum Beispiel im Bildungsplan 2009 für die „Schule für Geistigbehinderte" in Baden-Württemberg: (Die Schülerinnen und Schüler können) „mit Wörtern, Gebärden und Symbolen Erinnerungen bezeichnen" (S. 93).

einander verknüpft werden können, um sinnvolle Sätze oder Aussagen damit zu erzeugen. Bevor es also zum Sprechakt (performance) kommt, müssen wir über Sprachkompetenz (competence) verfügen.[5] Je größer die Sprachkompetenz ist, auf die wir zugreifen können, desto größer ist der Spielraum an Sprechmöglichkeiten, die wir aktivieren und realisieren können, um zu kommunizieren. Kompetenz in diesem Sinne ist also diejenige Disposition, die wir in Form der Performanz aktivieren und zeigen. Umgekehrt stellt die Performanz wiederum nur eine Auswahl aus dem Repertoire an Kompetenz dar. Für den pädagogisch-didaktischen Gebrauch des Kompetenzbegriffs bleibt deshalb festzuhalten: Es gibt keine Kompetenz ohne Performanz, aber auch keine Performanz ohne Disposition.

### 3.2.4 Kompetenzdefinitionen

Kompetenzen setzen sich zusammen aus Kenntnissen, Fertigkeiten und Einstellungen, die erforderlich sind, um in variablen Situationen bestimmte Anforderungen zu bewältigen. Kompetenzen beschreiben, was ein Mensch kann, indem er sachkundig, handlungs- und reflexionsfähig ist. So lautete die auf induktivem Wege gewonnene erste Bestimmung von Kompetenzen.

Der Begriff *Kompetenz* ist jedoch in die pädagogische Diskussion nicht erst durch die Resultate der *PISA*-Studien hineingelangt. Bereits im Jahr 1971 formulierte Heinrich Roth in seiner als „Entwicklungspädagogik" verstandenen „Pädagogischen Anthropologie":

> „Von Reife sprechen wir nicht mehr, ohne uns des irrationalen Moments in diesem Begriff bewußt zu sein", und er erläutert: „Reife ist als Erziehungsziel ... nur dann nicht falsche Ruhe, falsche Abgeklärtheit, falsche Sicherheit, wenn sie mit *Mündigkeit* gekoppelt wird, ausgelegt als freie Verfügbarkeit über die eigenen Kräfte und Fähigkeiten für jeweils neue Initiativen und Aufgaben. *Mündigkeit*, wie sie von uns verstanden wird, ist als Kompetenz zu interpretieren, und zwar ... a) als *Selbstkompetenz* (self competence), d. h. als Fähigkeit, für sich selbst verantwortlich handeln zu können, b) als *Sachkompetenz*, d. h. als Fähigkeit, für Sachbereiche urteils- und handlungsfähig zu sein und damit zuständig sein zu können, und c) als *Sozialkompetenz*, d. h. als Fähigkeit, für sozial, gesellschaftlich und politisch relevante Sach- oder Sozialbereiche urteils- und handlungsfähig und also ebenfalls zuständig sein zu können."

> (Roth 1971, S. 180; Hervorhebungen im Original)

Heinrich Roth stellt seine Überlegungen nicht in den schulpädagogischen Rahmen, sondern fragt nach den „steuerbaren Bedingungen, die es erlauben, die Entwicklung in Richtung auf den mündigen Erwachsenen zu beeinflussen" (ebd. S. 23). Sieht man von dieser Rahmung durch eine Erziehungslehre ab, so fällt auf:

---

[5] Ferdinand de Saussure (1967), spricht von *langue* und *parole*, ungefähr zu übersetzen mit *Sprache* und *Sprechen*.

▶ Bereits bei Heinrich Roth ist *Kompetenz* unlösbar verbunden mit *Performanz*. Der im vorigen Abschnitt zurückgewiesene juristische Begriff von *Kompetenz* im Sinne einer *Zuständigkeit* schimmert bei Heinrich Roth allerdings noch durch.

▶ Insgesamt erscheint *Kompetenz* bei Heinrich Roth, insofern er vom Begriff der *Reife* ausgeht, eher als *Status* oder *Habitus*. Das situative Element des *Problemlösens* und einer konkreten Handlungsorientierung tritt demgegenüber in den Hintergrund.

▶ Der erkennbar weite Horizont von Heinrich Roths Kompetenzbegriff inspirierte nicht zuletzt die berufspädagogische Diskussion der 1990er-Jahre. Damals trat der *Kompetenzbegriff* zunehmend an die Stelle des bis dahin vorherrschenden Begriffs der *Qualifikation*, der berufliche Bildung zu sehr auf die Ausbildung für berufliche Anforderungen und Verrichtungen zu reduzieren und somit ökonomisch zu instrumentalisieren drohte. Dass der Kompetenzbegriff bis heute unter den ideologischen Verdacht der Ökonomisierung von Bildung gestellt wird, hat mit der nicht immer deutlichen Unterscheidung zwischen *Qualifikation* (für eine bestimmte Anforderung) und *Kompetenz* (für die Bewältigung variabler Anforderungssituationen unter Einschluss der dafür notwendigen Dispositionen) zu tun.

▶ Heinrich Roths Unterscheidung von *Selbst-, Sach- und Sozialkompetenz* wirkt bis in die Gegenwart in Form der Unterscheidung von *Sachkompetenz, Sozialer* und *Personaler Kompetenz*. Aus schulpädagogischen und lerntheoretischen Gründen tritt als Viertes meist die *Methodenkompetenz* hinzu (vgl. Hentig 2004, S. 12).

Die nun auf induktivem Weg gefundene Bestimmung von Kompeetenz ist in hohem Maße anschlussfähig an die viel zitierte Definition des Pädagogischen Psychologen Franz Emanuel Weinert. Für Weinert sind Kompetenzen „die bei Individuen verfügbaren oder durch sie erlernbaren kognitiven Fähigkeiten und Fertigkeiten, um bestimmte Probleme zu lösen, sowie die damit verbundenen motivationalen, volitionalen (auf Willensentscheidungen beruhenden, d. Verf.) und sozialen Bereitschaften, die Problemlösungen in variablen Situationen erfolgreich und verantwortungsvoll nutzen zu können" (Weinert 2002, S. 27f.).

Wichtige Aspekte dieses Begriffsverständnisses sind, dass Kompetenzen

▶ im Verlauf von Bildungs- und Erziehungsprozessen erlernt bzw. erworben werden, was insbesondere die Förderbarkeit von Kompetenzen für alle Schülerinnen und Schüler betont;

▶ die Bewältigung von unterschiedlichen Aufgaben bzw. Lebenssituationen ermöglichen, d.h. einen Bezug zum „wirklichen Leben" aufweisen, und damit eine flexible Verbindung von Wissen und Können in der Bewältigung von bekannten und neuen Handlungsanforderungen sind;

▶ die Fähigkeit zur Selbstregulation, d.h. der erfolgreichen Verknüpfung von Denken (Kognition), Wollen (Motivation) und „Anpacken" (Volition) benötigen;

▶ die Bereitschaft und Fähigkeit zu sozial-kommunikativem, kooperativem und gleichzeitig zu selbstständigem und selbstverantwortlichem Lernen und Handeln einschließen und

▶ nicht zuletzt Haltungen und Einstellungen umfassen, die sich in kulturbezogenen Tugenden wie kritisch-reflektierendem, aber respektvollem Verhalten gegenüber Mensch, Gemeinschaft und Natur ausdrücken (vgl. Pant 2016).

An dieser Definition ist dreierlei bemerkenswert. Zum einen (1) grenzt sich diese Definition eindeutig ab gegen jedes Mutmaßen über Begabungen: Kompetenzen sind erlernbar und entwickelbar und damit prinzipiell jedem Lernenden zuzutrauen.

Sie sind zum anderen (2) unlösbar bezogen auf bestimmte, aber variable Situationen („Anforderungssituationen"), in denen ein Mensch zeigen kann, dass bzw. ob er über die Voraussetzungen („Dispositionen") verfügt, Problemlösungen zu erzeugen („Performanz").

Und schließlich (3) umfasst auch Weinerts Definition ausdrücklich die Dimensionen der Kenntnisse, der Fähigkeiten/Fertigkeiten sowie der Einstellungen und Haltungen, auf die wir auch auf dem induktiven Weg gestoßen waren.

Davon abweichende Definitionen wie etwa die von Heymann (2008, S. 45) – „Eine Kompetenz stellt ein Bündel von Kenntnissen, Fähigkeiten und Fertigkeiten dar, das eine Person in die Lage versetzt, bestimmte Situationen erfolgreich zu bewältigen" – verzichten häufig auf die Dimension der Einstellungen und Haltungen. Beiden Definitionen ist die Ablehnung eines Gegensatzes von „Wissen" und „Kompetenz" gemeinsam, denn im Begriff der *Kompetenz* ist „die Verbindung zwischen Wissen und Können" (Klieme et al. 2003, S. 13) zentral. Der Verzicht auf eine „motivationale, volitionale und soziale" Dimension dürfte sich der schulpädagogischen Indienstnahme von Kompetenzen für die Formulierung von Bildungsstandards verdanken.

## 3.3 Kompetenzen und Bildungsstandards

### 3.3.1 Kompetenzen und Operationalisierung

Standards sind normative Setzungen, ohne die ein öffentliches Schulsystem weder zu organisieren noch zu verantworten wäre. Wer zum Zwecke des Lehrens oder Lernens die Schwelle eines Schulgebäudes – nein, bereits des Schulgeländes! – überschreitet, sollte sich auf die Einhaltung von bestimmten Standards verlassen können: Raumausstattung, Unterrichtsangebot, Vertretungs- oder Krankheitsregelungen müssen verlässlich standardisiert sein („Strukturqualität", s. o.). Man spricht auch von „Input-Standards". Aber auch auf den Schutz vor Demütigung, lernförderliche Atmosphäre, wertschätzenden Umgang und vieles mehr muss man sich verlassen können („Prozessqualität", s. o.) – häufig als „Opportunity-to-learn-Standards" bezeichnet. Und ebenso müssen schließlich Lern- und Bildungsziele, die Rückmeldung über Lernentwicklungen und -erfolge – kurzum: „Ergebnisqualität" (s. o.) oder eben „Ergebnisstandards" verlässlich sein. Um letztere – und zwar ausschließlich um diese – handelt es sich bei den Bildungsstandards. Standardisierbar ist aber nur, was „operationalisierbar", also machbar, messbar und zumutbar ist. Zurecht wird kritisch angefragt, ob diese letztere Bestimmung auch für die Dimension der Einstellungen und Haltungen zutrifft – und in aller Regel verneint. Einstellungen und Haltungen, Motivation, Selbstregulation und Selbststeuerung, so könnte man formulieren, sind wünschenswert, aber weder machbar noch messbar. Motivationale, volitionale und soziale Bereitschaften fundieren oder begünstigen jeden Lernprozess. Sie sind aber weder erzwingbar, noch unmittelbar mess- oder bewertbar. Wir wissen beispielsweise aus den *PISA*-Studien über den Zusammenhang von Leselust und Leseerfolg, Neugier und Erkenntnis, und es gibt durchaus Möglichkeiten, Leselust zu befördern und Neugier zu wecken. Aber niemand kann und darf dazu gezwungen werden – weder die Lehrkraft, noch die Lernenden. Neugier, Offenheit, motivationale, volitionale und soziale Bereitschaften fundieren das Lernen, sie sind wünschenswert und erweisen sich in der Performanz, aber sie sind weder machbar, noch messbar, noch bewertbar. Wendet man diesen Befund auf die zuletzt gefundenen Kompetenzdefinitionen an, so ergibt sich das Bild wie in Abb. 6 dargestellt.

| Kompetenzen | | | | |
|---|---|---|---|---|
| ... sind die bei Individuen verfügbaren oder durch sie erlernbaren kognitiven Fähigkeiten und Fertigkeiten, um bestimmte Probleme zu lösen ... | ... beschreiben, was ein Mensch kann, indem er sachkundig, handlungs- und reflexionsfähig ist. Sie setzen sich zusammen aus Kenntnissen, Fertigkeiten ... | ... stellen ein Bündel von Kenntnissen, Fähigkeiten und Fertigkeiten dar, das eine Person in die Lage versetzt, bestimmte Situationen erfolgreich zu bewältigen (Heymann) | „Wissen und Können" | operationalisierbar, standardisierbar |
| ... sowie die damit verbundenen motivationalen, volitionalen und sozialen Bereitschaften, die Problemlösungen in variablen Situationen erfolgreich und verantwortungsvoll nutzen zu können (Weinert) | ... und Einstellungen, die erforderlich sind, um in variablen Situationen bestimmte Anforderungen zu bewältigen. (Induktiver Weg) | | „Wollen und Bereitschaft" | Lernprozesse begünstigend, aber nicht standardisierbar |

Abb. 6: Kompetenzdefinitionen im Vergleich

## 3.3.2 Kompetenzen, Bildungsstandards und Lernziele

Bildungsstandards – so wurden sie soeben eingeführt – haben die *Funktion*, Lernprozesse und Bildung in Form von anzustrebenden Kompetenzen oder Lernergebnissen verlässlich zu orientieren. Wer die soeben beschriebene Übung (vgl. Kap. 3.2.1) durchgeführt hat, hat damit gewissermaßen unmerklich an einer Werkstatt zur Generierung von Bildungsstandards teilgenommen. Die dabei entstehenden Formulierungen sind bisweilen fast identisch mit veröffentlichten Bildungsstandards – mit drei Einschränkungen. Zum einen entstehen die Satzergänzungen in dieser Übung in enger Verknüpfung mit ganz konkreten Unterrichtsinhalten; das verdankt sich der Anlage dieser Übung von Schritt 1 zu Schritt 2. Bildungsstandards in Lehr- oder Bildungsplänen weisen diese inhaltliche Konkretheit in aller Regel nicht auf. Deshalb ist im Folgenden über das Verhältnis von Kompetenzen und Inhalten innerhalb der Bildungsstandards nachzudenken. Zum zweiten überschreiten die in der Übung gefundenen Satzergänzungen häufig den Bereich des unterrichtlich Operationalisierbaren („sich öffnen, neugierig ..., mit Freude ..., sich einlassen" usw.), indem sie unbewusst die „motivationalen, volitionalen und sozialen Bereitschaften und Fähigkeiten" (Weinert) mit einbeziehen; es sollten ja ausdrücklich Erwartungen, Hoffnung, Wünsche formuliert werden. Dies steht, wohlgemerkt, nicht etwa in Spannung zum Kompetenzbegriff, wohl aber zu dem, was ein Lehr- oder Bildungsplan standardisieren kann und darf. Und schließlich: Die selbst gefundenen Satzergänzungen gebrauchen häufig Verben und Prädikate – man spricht von „Operatoren" –, die aber schwer zu operationalisieren sind (etwa „... dass sie ... *kennen*; ... dass sie ... *entdecken*" usw.). Auch die Frage nach für die Standardisierung von Lernergebnissen geeigneten Operatoren muss deshalb noch einmal genauer bedacht werden.

Festzuhalten bleibt dennoch: Bei der Übung entstehen Zielformulierungen gelungener Lernprozesse aus der Perspektive der Lernenden. Diese sind in aller Regel so plausibel, dass man in den meisten Fällen und mit den soeben genannten Einschränkungen gar nicht *nicht* wollen kann, dass sie erreicht werden; deshalb nennt man sie „Standards". Nicht, weil es deren Erreichung zu *garantieren* gälte, sondern weil deren Erreichung überall dort, wo diese Standards gelten, *garantiert anzustreben* ist. Man wird solche Kompetenzbeschreibungen immer auch auf die Chance ihrer Erreichbarkeit befragen müssen. Aber ihre *Funktion* ist deutlich: Sie beschreiben Zielvorstellungen, die die didaktische Frage wachrufen: Was müssen Lernende infolgedessen lernen (dürfen) – welche Impulse, Lernangebote, Lernarrangements, Methoden und Aufgaben müssen ihnen bereitgestellt werden, damit sie am Ende *dies können*? Bildungsstandards erfordern eine *Unterrichtsplanung vom Ende her*: Sie rufen allesamt die Frage auf: Welche *Wege* könnten zu *diesem Ziel* führen? Das Unterrichtsziel lautet deshalb: Ausstattung der Lernenden mit Wissen, Fähigkeiten und Fertigkeiten, begünstigt und fundiert durch bestimmte Einstellungen und Haltungen, sprich:

mit Kompetenzen. Der Anteil des Wissens und Könnens ist operationalisierbar, der Anteil des Wollens und der Bereitschaft ist wünschenswert, aber weder erzwing- noch messbar. Damit ist deutlich: Der Begriff der *Bildungsstandards* ist ein *funktionaler* Begriff, insofern Bildungsprozesse eine ganze Reihe von verlässlich eingehaltenen Vorgaben und Zielen benötigen. „Kompetenzen" ist deren *inhaltliche* Füllung: Im Sinne der Steuerung von verlässlicher Bildungsqualität erhalten Kompetenz- oder Könnensbeschreibungen aus der Sicht der Schülerinnen und Schüler die *Funktion*, Bildungsergebnisse plan- und messbar zu machen. Insofern werden die Vokabeln *(Bildungs-)Standards* und *Kompetenzen* in diesem Buch identisch verwendet. Eine noch präzisere Verhaltensbestimmung zwischen (Bildungs-)Standards und Kompetenzen, also der funktionalen und der inhaltlichen Bestimmung, liegt vor, wenn man – wie aktuell in Baden-Württemberg – von „Standards" (prozessbezogener bzw. inhaltsbezogener Kompetenzen) spricht.

Dass Kompetenzorientierung rein sprachlich in Lehr- und Bildungsplänen unterschiedliche Formen annehmen kann, zeigt ein Vergleich unterschiedlicher Länder. Was Schülerinnen und Schüler am Ende einer bestimmten Lernzeit (wissen und) können sollen, lässt sich neben der (1) Formulierung in Könnens-Beschreibungen („Die Schülerinnen und Schüler bzw. die Lernenden *können...*" oder „Der Schüler kann ...", z. B. in Baden-Württemberg, Hessen, Bayern oder Thüringen) (2.) auch unter Verzicht auf die Vokabel „können" beschreiben, indem formuliert wird: „Die Lernenden *beschreiben ..., erläutern ..., wenden ... an*" (so z. B. in Südtirol: „Die Schülerinnen und Schüler planen und entwerfen einen Neubau") oder indem (3.) die anzustrebenden Fähigkeiten der Schülerinnen und Schüler in infiniter oder in nominaler Form benannt werden: „den graduell erweiterten Wortschatz zunehmend sicher *nutzen*" (so im Bundesland Sachsen-Anhalt) bzw. „*Kenntnis von ...*" oder „*Anwendung von ...*" (z. B. in Sachsen).

Allen diesen Beschreibungen ist gemeinsam: Die Verlässlichkeit der Zielorientierung von Unterricht soll wenigstens innerhalb eines bestimmten Geltungsgebietes (Bundeslandes) erhöht werden. Entscheidend ist nicht, was Lehrkräfte wann gelehrt oder „durchgenommen" haben, sondern was Lernende am Ende können. Bewertet und gemessen wird, was am Ende „gekonnt" wird. Insofern sind die Begriffe *Bildungsstandards* und *Kompetenzen* austauschbar: *Bildungsstandards* ist der *funktionale* Begriff („Worauf zielen Bildungsprozesse?"), *Kompetenz* ist dessen *inhaltliche* Füllung („Was wird am Ende gekonnt?").

Dieses Kapitel soll abgeschlossen werden durch eine letzte Begriffs- oder Verhältnisbestimmung, und zwar der zwischen Bildungsstandards und Lernzielen. Dazu zunächst ein aufschlussreiches Zitat:

> Herkömmliche Lehrpläne, Bildungspläne, Rahmenpläne sind vom Stoff her aufgestellt. Bestimmte Stoffe werden den Altersphasen entsprechend ausgewählt und einem Zeitraum zugewiesen, in dem sie sich (vermeintlich) behandeln lassen. ... Intentionen für die Behandlung

des Stoffes werden gewöhnlich – wenn überhaupt – nur pauschal und präambelhaft genannt. ... Von hier aus ergibt sich die Forderung nach bestimmten, beschriebenen und kontrollierbaren Lernzielen für das Neustrukturieren von Lehrplänen.

(Stachel 1971, S. 77)

Tauscht man das Wort „Lernziele" aus durch „Kompetenzen", „Kompetenzbeschreibungen" oder „Bildungsstandards", so könnte es ohne Weiteres dem Vorwort eines aktuellen Lehr- oder Bildungsplanes entnommen sein. Daraus ist zweierlei zu folgern. Erstens, dass sich in dem zitierten Text das Wort „Lernziele" so mühelos durch die Begriffe *Kompetenzen* oder *Bildungsstandards* ersetzen lässt, verdankt sich der Tatsache, dass alle genannten Begriffe dieselbe Funktion erfüllen: Sie sollen beschreiben und benennen, worauf das Lernen zielen soll. Der Streit um die Abgrenzung zwischen Lernzielen und Kompetenzbeschreibungen ist deshalb weithin müßig.

Zweitens, in der konkreten Ausformulierung von Lernzielen damals, also in den 1970er-Jahren, und in Kompetenzformulierungen seit der Jahrtausendwende lässt sich Folgendes beobachten: Nicht wenige Lernzielformulierungen aus den 1970er-Jahren lassen sich mühelos als Kompetenzformulierungen ansprechen. So hieß es damals: „Gründe nennen, warum Menschen oft ungerecht sind" – „Merkhilfen und Regeln ... anwenden" – „Zu Zahlenaufgaben Sachzusammenhänge finden". Alle diese Formulierungen aus dem Lehrplan für die Grundschulen in Baden-Württemberg aus dem Jahr 1980 könnten sich identisch in heutigen Plänen finden. Daneben aber gab es damals Formulierungen wie „Märchen und Fabeln kennenlernen" – „sinnerfassendes Lesen ... üben" – „Lernen, dass Texte informieren" – „Die Ausgangsschrift ... entwickeln". Genau genommen handelt es sich bei solchen Zielformulierungen um Verlaufsbeschreibungen, man könnte auch sagen: um Lehrziele der Lehrenden. Das Kennenlernen, das Lernen und das Üben sind Aneignungs- und Vertiefungsformen auf dem Weg zum Ziel, etwas zu können, also sachkundig, handlungs- und reflexionsfähig zu sein. Das Ziel besteht darin, etwas zu können oder eben kompetent zu sein.

Zusammenfassend lässt sich deshalb formulieren:
▶ Bildungsstandards sind Ergebnis- oder Leistungsstandards.
▶ Bildungsstandards formulieren Lern- und Bildungsziele in der Form von Kompetenzbeschreibungen aus Sicht der Lernenden. Sie beschreiben, über welche Kenntnisse, Fähigkeiten und Fertigkeiten Lernende nach einem bestimmten Lernabschnitt verfügen sollen.
▶ Ebenso wie die Lernzielformulierungen der 1970er-Jahre haben Bildungsstandards die Funktion, Lernprozesse planbar, operationalisierbar und messbar zu machen. Kompetenzbeschreibungen bieten Lernziele mit dem besonderen Fokus auf die Kenntnisse, Fertigkeiten und Fähigkeiten von Schülerinnen und Schülern.
▶ Bildungsstandards formulieren aber nur den standardisierbaren, ohne Über-

griffigkeit oder Überwältigung der Lernenden zumutbaren, operationalisier-baren („abrechenbaren"), mess- und bewertbaren Anteil von Bildungszielen; die für Lernprozesse erforderlichen „motivationalen, volitionalen und sozialen Bereitschaften" und Dispositionen werden damit keineswegs geleugnet.

▶ Kompetenz ist deshalb mehr als das, was Bildungsstandards formulieren und Bildung ist mehr als Kompetenzerwerb. Aber Bildung ohne Kompetenz wäre träges Wissen oder orientierungsloses Handeln.

## 3.4 Zwischenruf: drei Rückfragen

Die bis hierher erfolgten Ausführungen verzichteten bewusst auf das Pathos des „Neuen" oder gar eines „Paradigmenwechsels". Die sich dennoch womöglich aufdrängende Frage, was denn an alledem „neu" sei – seinem Unterricht Ziele zu setzen und deren Erreichung anzustreben –, soll deshalb in die Frage über-führt werden, wie sich diese Überlegungen denn im konkreten Unterricht aus-wirken könnten.

Diese Frage ist gewissermaßen die Nagelprobe auf alle didaktischen Konzep-te. Bereits vorhandene und vertraute didaktische Konzepte und Einsichten le-diglich in andere Worte zu kleiden ist so lange sinnlos, wie sich nicht erweisen lässt, ob bzw. dass der Blick auf Lernprozesse sich damit signifikant profilieren oder präzisieren lässt. Für diese Überprüfung – Ändert sich denn etwas an mei-nem Unterricht? – dient das nachstehende Beispiel.

### 3.4.1 Eine Aufgabe

Unter den „Allgemeinen mathematischen Kompetenzen" der KMK (Beschluss vom 15. Oktober 2004, S. 8) findet sich die Fähigkeit der Kinder am Ende der Primarstufe, „eigene Vorgehensweisen (zu) beschreiben, Lösungswege anderer (zu) verstehen und gemeinsam darüber (zu) reflektieren". Diese Fähigkeit dürf-te sich beispielsweise an der folgenden Aufgabe zeigen:

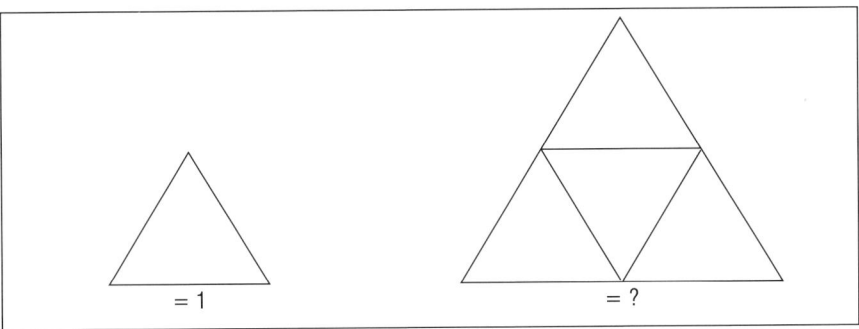

Abb. 7: Dreiecks-Aufgabe

Der Aufforderungscharakter dieses Arrangements von Dreiecken und mathematischen Zeichen dürfte Kindern klar sein; die Frage könnte lauten: Welche Ziffer würdest du an die Stelle des Fragezeichens setzen? Wie aber wird die Lehrkraft die Ergebnisse der Schülerinnen und Schüler erfragen? Etwas holzschnittartig wären doch prinzipiell zwei Möglichkeiten und daraus erfolgende Gespräche denkbar:

▶ Die Lehrkraft erwartet eine bestimmte Antwort als Lösung, also etwa die Ziffer vier. Erfolgt diese Antwort, wird sie mit dem Begriff „richtig" kommentiert. Übersetzt bedeutet diese Interaktion für die Schülerinnen und Schüler: Ihr seid hier, um meine Lösungserwartung zu erraten.

▶ Die Lehrkraft rechnet mit unterschiedlichen Lösungsmöglichkeiten und -wegen und äußert ihre Neugier auf die Antworten der Kinder und fordert sie auf, ihre Lösungen zu erläutern – in der Erwartung, dass die Kinder nun etwa die Lösung „1" begründen (vom Umriss her betrachtet bieten beide Zeichnungen je ein Dreieck, das Rechte ist größer als das Linke und von Linien durchzogen, Kinder sagen etwa: „Es hat ein Muster"); oder aber, dass Kinder die Lösung „3" begründen, denn das linke Dreieck findet sich in der rechten Zeichnung exakt dreimal („... und in der Mitte ist ein Loch"); nein, in der Mitte ist das vierte, gleiche Dreieck, also lautet die Lösung „4". Nicht selten – diese Aufgabe taucht im Internet immer wieder als „Intelligenztest" auf – wird die Lösung „5" erwartet, weil die vier „kleinen" Dreiecke ein neues, größeres und ebenfalls gleichseitiges Dreieck bilden.

Drei Dinge lassen sich an dieser Beispielaufgabe zeigen:

▶ Auslöser dieses Aufgabenbeispiels war ein unscheinbarer Satz – eine „Kompetenzbeschreibung" oder eben ein „Bildungsstandard" –, bei dem es jedoch lohnt, jedes Wort einzeln zu bedenken: Die Kinder können „*eigene* Vorgehensweisen beschreiben", das heißt: Es geht um Eigentätigkeit; es geht um Vorgehensweisen für Lösungen *im Plural*, und diese können sie *beschreiben*. Sie können andere Zugangsweisen *verstehen* und *Differenzwahrnehmungen* aushandeln und abwägen *(„reflektieren")*. Jeder dieser Satzbestandteile ruft die Rückfrage wach: Was müssen Kinder bereits gelernt haben, um all das zu können? Und nicht zuletzt: Wie müssen Aufgaben infolgedessen konstruiert sein, damit man dies lernen und zeigen kann?

▶ Nicht selten ruft dieses Aufgabenbeispiel ein geteiltes Echo hervor. Eine Spitzenrückmeldung aus der Zuhörerschaft lautete etwa: „Nun ist mir deutlich, was Sie uns zeigen wollen. Nun kann ich deutlich machen, was ich nicht will, nämlich genau diese Sorte Aufgaben. *Ich muss den Schülerinnen und Schülern doch sagen, was verlangt (bzw.: was richtig) ist.*" An diesem Einwurf, der ernst zu nehmen ist, zeigen sich zwei veritable didaktische Konzepte: Heißt unterrichten und damit Schülerinnen und Schülern zu Sachverstand, Handlungs- und Reflexionsfähigkeit zu verhelfen, ihnen beizubringen, „was richtig ist" – oder heißt es, sie mit Anforderungssituationen zu konfrontieren, die ihnen helfen, für sich zu entdecken, zu erschließen und zu rekonstruieren, was ihnen plausibel ist? Die von den Lehrkräften in der Eingangsbesinnung formulierten Ziele oder „Kompetenzen" weisen in eine deutliche Richtung. Im Hintergrund steht der eingangs vorgeschlagene Begriff der *Mathetik* und die damit verbundene Entscheidung, Lernprozesse zumindest auch und probeweise aus der Perspektive der Lernenden zu betrachten.

▶ Ernst zu nehmen ist der soeben zitierte Einwand aus einem sachlich-mathematischen Grund. Die Aufgabe, so wird häufig argumentiert, besitzt ja nur deshalb solche Lösungsvarianz, weil sie mathematisch „unterbestimmt" ist. Es fehlt jede Angabe über die Art und Weise der Zuordnung beider Zeichnungen. Aus dieser zutreffenden Beobachtung lässt sich eine weitere Aufgabe ableiten: Wie müsste die Aufgabe gestellt sein, damit die Lösung eindeutig wird? Und plötzlich wird durch einen minimalen Kunstgriff aus einer Grundschulaufgabe eine Aufgabe für den Mittleren Schulabschluss, denn auf dieser Stufe ist anzustreben, dass die Schülerinnen und Schüler „mathematische Argumentationen entwickeln (wie Erläuterungen, Begründungen, Beweise)" bzw. „symbolische und formale Sprache in natürliche Sprache übersetzen und umgekehrt" (KMK 2003, S. 8).

### 3.4.2 „Haben Sie mit denen schon Luther gemacht?"

Zu dieser rätselhaften Frage gehört folgende beispielhafte Alltagssituation.

Eine Lehrkraft, die nur stundenweise an der Schule eingesetzt ist, übernimmt im Religions- oder Ethikunterricht eine 9. Klasse. Weil in den meisten Bundesländern in Klassenstufe acht in irgendeiner Weise „Martin Luther" im Lehrplan steht, also, in der Sprache der Lehrkräfte „Luther gemacht" wird, fragt die betreffende Lehrkraft zu Beginn des Schuljahres die Kollegin oder den Kollegen, der die Klasse im Jahr zuvor unterrichtete, ob er oder sie eben „mit denen schon Luther gemacht" habe, um entsprechend anschließen zu können. Die erwartungsgemäß positive Antwort – „Natürlich habe ich Luther gemacht, sogar ganz gründlich" – beantwortet jedoch keine der eigentlichen Fragen nämlich: Woran kann ich anknüpfen? Was wissen und können die Jugendlichen im Blick auf Martin Luther? Können die Jugendlichen Quellentexte lesen, haben sie ein Geschichtsverständnis entwickelt, können sie die Bedeutung der Reformation für die Neuzeit an Beispielen erläutern?

Diese Begebenheit weist auf einen weiteren, folgenreichen Umstand hin. Die beiden Spalten der Übung für die Eingangsbesinnung (vgl. Kap. 3.2.1) stehen im Grunde für zwei unterschiedliche Typen von Lehrplänen. Genau genommen entsteht beim ersten Schritt dieser Eingangsbesinnung – also dort, wo Unterrichtsinhalte, Themen oder „Stoffe" notiert werden – nichts anderes als ein Lehrplan im klassischen Sinne: „bestimmte Stoffe werden den Altersphasen entsprechend ausgewählt und einem Zeitraum zugewiesen, in dem sie sich (vermeintlich) behandeln lassen" (Stachel, 1971, s. o.). Ein solcher (inhaltsbezogener) Lehr- oder Rahmenplan hat die Aufgabe, Lehrkräfte darüber zu belehren, welche Inhalte sie wann lehren müssen. Ein solcher Lehrplan informiert darüber, was die Lehrkraft wann in ihre Tasche stecken muss. Mit welchem *Ziel* der Inhalt die Tasche wieder verlässt, wird weithin der Kompetenz, aber auch dem Belieben der Lehrkräfte anheimgestellt. Ein (kompetenzorientierter) Lehr- oder Bildungsplan, wie er sich nach der Durchführung des zweiten Schrittes dieser Übung abbildet, informiert hingegen darüber, was Kinder und Jugendliche bis zum Ende einer bestimmten Lernzeit lernen und können.

Um das Bild noch einmal aufzugreifen: Der zweite Schritt der Übung beschreibt nicht, was *Lehrkräfte* zu Beginn in ihre Tasche stecken müssen, sondern was die *Schülerinnen und Schüler* am Ende in ihre Köpfe, Herzen und Hände genommen haben. Beide Konzepte beinhalten ein hohes Freiheitspotenzial. Während aber im ersten Fall für die inhaltliche Fixierung der Preis einer hohen Ziel-Diffusion zu bezahlen ist, lautet im zweiten Fall, also bei kompetenzorientierten Plänen: Dies ist das verbindlich anzustrebende Ziel – die Lehrkraft findet und gestaltet dafür geeignete Wege. Anders ausgedrückt: Es besteht gewiss kein Zweifel daran, dass in deutschen Schulen zwischen Flensburg und Garmisch-Partenkirchen seit über 400 Jahren „Luther gemacht" wird, aber es gibt kaum Anhaltspunkte dafür, was infolgedessen gewusst und gekonnt wird. Genau das aber ist es, was kompetenzorientierte Lehr- und Bildungspläne präzisieren und „standardisieren" wollen. Solche Bildungspläne erfordern eine Unterrichtsplanung vom Ende her. Kompetenzorientierte Unterrichtsplanung ist deshalb vor allem Lernwegeplanung.

### 3.4.3 Kompetenzen und Inhalte

Kompetenzorientierte Lehr- und Bildungspläne oder auch (Kern-)Curricula formulieren fach- und altersbezogen – und zunehmend auch überfachlich, s. u.! – das Wissen und Können, das Schülerinnen und Schüler zum Abschluss einer bestimmten Lernzeit erworben haben sollen. Dabei fällt bei allen veröffentlichten Plänen dieser Gattung ein in der Regel deutlich geringerer Inhaltsbezug auf als bei den vorangegangenen „inhaltsbezogenen" Lehrplänen. Das hat in der Folge zu dem bedauerlichen und fatalen Missverständnis geführt, mit der Wende zur Kompetenzorientierung sei eine Entscheidung gegen die Inhaltlichkeit schulischer Bildung gefallen. Kompetenzorientierung, so wird kolportiert, sei der Sieg des Könnens über das Wissen.

Der Grund für die bisweilen wirklich sparsame Ausstattung von Bildungsstandards mit Inhalten bis hin zum fast völligen Verzicht auf Inhalte, wie etwa im Land Hessen, ist jedoch nicht etwa die Bedeutungslosigkeit von Inhalten, sondern deren Variabilität. Selbstverständlich werden Schülerinnen und Schüler, die im Biologieunterricht lernen, „verschiedene Formen der Fortpflanzung (zu beschreiben)" (KMK 2004, S. 14), dieses Wissen und Können anhand von

Tulpenzwiebeln, Fadenwürmern, Schmetterlingen oder Primaten erwerben und nicht etwa ohne solche Tier- und Pflanzenarten. Diese alle aufzuzählen, würde jeden Lehrplan auf ein Vielfaches seines Umfangs aufblähen; die dabei erworbenen Fähigkeiten und Fertigkeiten lauteten immer gleich. Was das für die Gestaltung von schuleigenen Curricula, für Abschlussprüfungen und die Mobilität von Kindern und Jugendlichen heißt, muss weiter unten noch einmal aufgegriffen werden. Hier muss der Hinweis genügen: Kompetent wird man nur an Inhalten. Eine notwendige Ergänzung des Schlusssatzes des vorangegangenen Abschnitts lautet deshalb: Unterrichtsplanung, die sich als Lernwegeplanung versteht, hat als erste Aufgabe die Verschränkung von Kompetenzen und Inhalten. Schematisch ausgedrückt gelingt dies auf zweierlei Wegen.

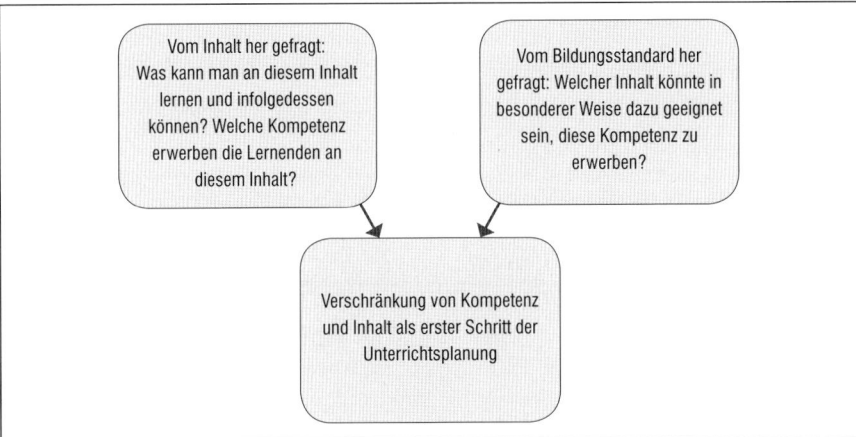

Abb. 8: Verschränkung von Kompetenzen und Inhalten im Zuge der Unterrichtsplanung

Um es mit einem Buchtitel von Hartmut von Hentig (1985) zu formulieren: Auch kompetenzorientiert lautet der Bildungsauftrag der Schule: *Die Menschen stärken, die Sachen klären.* Oder, etwas aktualisiert: Die Sachen so klären, dass die Menschen daran stark werden – die Menschen stärken durch die Bearbeitung der Sachen.

## 3.5 Qualitätskriterien von Unterricht

Die bereits eingangs aufgeworfene Frage nach dem Begriff von Schul- und Unterrichtsqualität mit der Unterscheidung von Struktur-, Prozess- und Ergebnisqualität (vgl. Abb. 1) kann nun um eine weitere *Ebene* ergänzt werden. Im folgenden Schaubild (vgl. Abb. 9) werden Kriterien der Unterrichtsqualität eingeführt, genauer das Kriterium der Lernaktivität (I), der Schülerorientierung (II) und der Inhaltlichkeit (III).

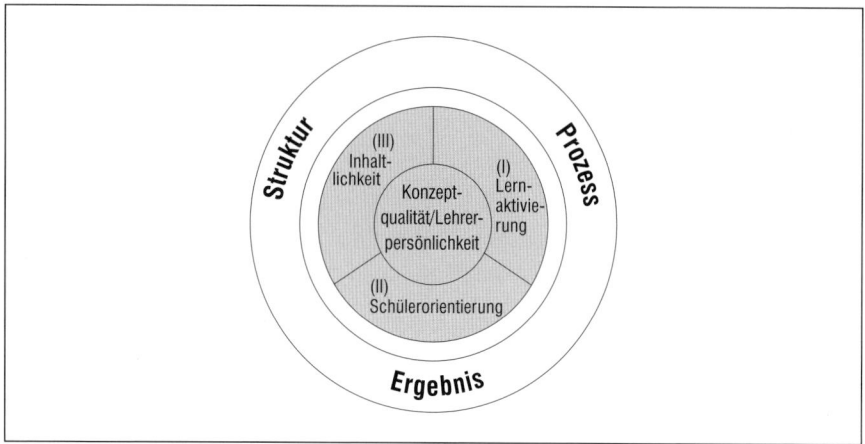

Abb. 9: Kriterien für Unterrichtsqualität

Die im Folgenden dargestellten drei „Kriterien" der Unterrichtsgestaltung sind zu verstehen als Prüfsteine sowohl der Reflexion eigener Unterrichtspraxis, als auch zur Beratung, Begleitung und Bewertung von Unterricht.

## Lernaktivierung

Dahinter verbirgt sich zunächst die – „mathetische" – Grundeinsicht, dass das Geschäft und der Vollzug des Lernens niemand anderes' Aufgabe ist als eben die der Lernenden selbst. Eine Grundfrage der Selbstreflexion bzw. der Unterrichtsberatung ist deshalb: Worin besteht bei einem geplanten Unterrichtsschritt bzw. bestand in einer beobachteten Stunde die Eigentätigkeit der Lernenden? Was haben die Lernenden (selbst) entdeckt und entwickelt, welche Einsichten haben sie gewonnen, welche Sätze haben sie erprobt und formuliert? Nicht selten sind es die „schönsten", am besten durchgeplanten, punktgenau abgeschlossenen – mit anderen Worten: eng geführten Unterrichtsstunden, die das größte Verständigungsproblem für das Unterrichtsnachgespräch darstellen. Dies gilt jedenfalls für den Fall, bei dem der Eindruck entsteht, der Verlauf und die Ergebnisse der Stunde hätten sich kaum geändert, wenn die Schülerinnen und Schüler gar nicht anwesend gewesen wären. Die Verwerfung im anschließenden Gespräch besteht häufig im Missverständnis der Lehrkraft, sie hätte „noch mehr", „noch präziser", „noch gründlicher" vorbereiten, durchführen oder darbieten müssen – anstelle der Einsicht, sie hätte durchaus „weniger" in der Hand halten, vorherbestimmen, instruieren oder inszenieren müssen. Etwas pointiert ausgedrückt: Der Lernerfolg der Schülerinnen und Schüler steigt nicht unbedingt mit dem Maß an Lehrtätigkeit der Lehrkraft, sondern mit der Fähigkeit, die Lernenden lernen zu lassen bzw. ins Lernen zu bringen, also mehr anzustoßen als anzuleiten, mehr zu öffnen als zu verschließen, mehr zuzutrauen als darzubieten, mehr Autonomie (der Lernenden) zu ermöglichen als Regie (des Lehrens) zu übernehmen.

Die nachfolgend notierten Impulsfragen (s. folgende Beispielkästen) beanspruchen weder Vollständigkeit noch wissenschaftliche Validität, sondern sie wollen Reflexionsprozesse anstoßen:

**Impulsfragen**

▶ *An die Lehrkraft:* Kann ich Situationen und Räume öffnen? Kann ich mit Überraschungen rechnen? Kann ich Situationen auf Zeit aus der Hand geben? Verstehe ich meine Rolle eher dozierend oder avls induzierend? Kann ich Unterstützung anbieten anstatt selbst die Helferrolle zu übernehmen?

▶ *An die Aufgabenkultur:* Ist mir der Charakter meiner Aufgaben klar (Unterscheidung zwischen offenen und geschlossenen Aufgabenstellungen)?

▶ *An die Lernprozesse:* Wird erarbeitet, entdeckt, erprobt? Wird der Prozesscharakter des Lernens deutlich?

▶ *An die Ergebnissicherung:* Notieren die Schülerinnen und Schüler eigene Einsichten und Ergebnisse oder rekapitulieren sie meine Ergebnisse? Welche Aufgabenstellung erträgt unterschiedliche Ergebnisse? Wird den Schülerinnen und Schülern deutlich, was „richtig" ist und worin Spielräume bestehen?

▶ *An das „Stundenziel":* Steht fest, was „herauskommt", oder gibt es offene Prozesse und Lösungsvarianz? Gibt es Zieltransparenz?

## Schülerorientierung (Lebensweltorientierung)

Um gleich einem möglichen Missverständnis entgegenzutreten: Schülerorientierung ist nicht zu verstehen als ein Unterrichtsangebot nach dem Grundsatz „Sie wünschen – wir spielen". Schüler- oder Lebensweltorientierung bedeutet didaktisch gesprochen nicht die Verdoppelung des vorfindlichen Horizonts der Schülerinnen und Schüler und die Beschränkung unterrichtlicher Themen, Inhalte und Kompetenzen auf das, was sie ohnehin bereits wissen und können, sondern die Anknüpfung daran mit dem Ziel der Erweiterung ihrer Horizonte. Der russische Entwicklungspsychologe Lew Semjonowitsch Wygotski (1896–1934) prägte den Begriff der „Zone der nächsten Entwicklung" und machte damit deutlich, wie Entwicklung gelingen kann und, im Umkehrschluss, woran sie scheitern bzw. wodurch sie verhindert wird. Die pädagogische Begleitung des Kindes muss anknüpfen an seine *aktuelle* Entwicklung – vereinfacht ausgedrückt: muss dort ansetzen, wo das Kind „von sich aus" steht –, indem ein Raum oder eine Zone der *nächsten,* also daran anschließenden und weiterführende Entwicklung eröffnet wird. Bietet diese Zone keine Horizonterweiterung, kommt es zur Stagnation. Wird eine Zone der „übernächsten" Entwicklung angeboten, bedeutet dies Überforderung.

**Impulsfragen**

▶ **An die Lehrkraft:** Habe ich ein „Bild" von dem, was die Schülerinnen und Schüler wissen und können? Wird den Schülerinnen und Schülern etwas zugetraut?

▶ **An die Aufgaben:** Gibt es auf die unterschiedlichen Lerntypen abgestimmte Zugangsformen, Varianten und Differenzierung?

▶ **An die Lernprozesse:** Werden die Schülerinnen und Schüler einbezogen in die Planung des Lernweges?

▶ **An die Ergebnissicherung:** Können die Schülerinnen und Schüler etwas „Eigenes" formulieren? Dürfen die Lernergebnisse sich voneinander unterscheiden?

▶ **An das „Stundenziel":** Gelingt die Balance zwischen Unter- und Überforderung, gibt es Elemente des Förderns und des Forderns? Werden Lernrückstände in Förderunterricht ausgelagert oder wird ein förderlicher Unterricht für alle angeboten?

## Inhaltlichkeit (Sachlichkeit)

Auf das mögliche und in seinen Folgen fatale Missverständnis, Kompetenzorientierung bedeute eine Ab- oder Entwertung der Inhalte, wurde bereits hingewiesen. Kompetenzen benötigen Inhalte, alles andere wäre absurd. Die Inhalte müssen im Sinne des bisher Ausgeführten ansprechend und anspruchsvoll sein und durch eine Bezugswissenschaft – sei es die Mathematik, die Germanistik, die Theologie oder die Gesellschaftswissenschaften – verantwortet und damit schlicht zutreffend und sachlich richtig sein. Entscheidend und vielfach unterschätzt ist die Modifikation von Inhalten durch eine Didaktik, die mehr sein muss als lediglich „das Schwere leicht zu sagen" (Vermittlungsdidaktik). Dieses Insistieren auf der Bedeutung von Inhalten gerade auch für kompetenzorientiertes Lehren und Lernen steht in keinem Widerspruch zu der sich durch das ganze Buch hindurchziehenden Grundüberzeugung, dass nicht nur Erziehung, sondern auch Lernen und Bildung wesentlich von Beziehung leben. Aber es geht eben um die Beziehung sowohl zwischen Lehrenden und Lernenden als auch um die Beziehung zu Inhalten und „Sachen"; man könnte im Unterschied zur Vermittlungsdidaktik von einer Beziehungsdidaktik reden.

Allein schon aufgrund der über die drei Kriterien der Lernaktivierung, der Schülerorientierung und der Inhaltlichkeit verteilten Impulsfragen wurden die wechselseitigen Bezüge zwischen diesen drei Kriterien deutlich; etliche der Impulsfragen hätten auch den beiden anderen Kriterien zugeordnet werden können. Das ist nicht weiter erstaunlich, denn es handelt sich bei diesen drei Kriterien um nichts Anderes als um eine Variante des „Didaktischen Dreiecks" zwischen „Lehrer", „Stoff" und „Schüler", wie es im Jahr 1997 von Ruth Cohn entwickelt und seither vielfältig variiert und ergänzt wurde, etwa in Form des „Didaktischen Sechsecks" (Meyer 2004, S. 25). Allen Varianten ist gemeinsam, dass sie unterschiedliche Faktoren beschreiben, die sich alle auf ein und denselben Prozess beziehen, den man mit „Lernwirksamkeit", „Lernprozess" oder

**Impulsfragen**

▶ **An die Lehrkraft:** Habe ich die Wissensgehalte für mich geklärt und überprüft? Besteht Klarheit über die Bedeutung und das Vorhandensein von Vorwissen?

▶ **An die Aufgaben:** Sind die Inhalte und die Fragestellungen lebensbedeutsam für die Schülerinnen und Schüler?

▶ **An die Lernprozesse:** Werden Inhalte in Lernprozessen erfahrbar? Wird Demokratie unterrichtet – oder auch erprobt?

▶ **An die Ergebnissicherung:** Ist die Art der Ergebnissicherung auch zu einem späteren Zeitpunkt noch nachvollziehbar oder handelt es sich um versprengte Satzwahrheiten?

▶ **An das „Stundenziel":** Was kommt in dieser Stunde (Sequenz) neu hinzu?

einfach „Lernen" umschreiben könnte. Der besondere Akzent des hier vorgestellten Modells besteht darin, dass die eigentlichen Akteure des Lernens, nämlich die Lernenden, in allen drei Kriterien eine zentrale Rolle spielen (mathetischer Aspekt), aber eben immer auch die „Regisseurinnen und Regisseure", die „Lernbegleiter/-innen" oder eben die Lehrkräfte (didaktischer Aspekt). Einige der Impulsfragen wurden in der 1. Person Singular formuliert, um damit anzudeuten, dass sie sich anbieten als Fragen zur Selbstreflexion der Lehrkraft. Insgesamt werden diese und weitere Fragen noch einmal auftauchen im letzten Abschnitt dieses Buches (Kap. 5) über die Beratung und Begleitung von Lehrkräften im Sinne der Qualitätsentwicklung von Unterricht.

## 3.6 Was Lehrkräfte wissen und können müssen

Was müssen eigentlich Lehrkräfte wissen und können? Es wird sich sogleich zeigen, dass die scheinbar naheliegende Antwort, Lehrkräfte müssten „lehren" können, zu kurz greift. Die Antwort wird aber auch nicht darin bestehen, Lehrkräfte müssten „immer mehr" oder am besten alles können, sondern Lehren – und noch etwas Anderes, sozusagen Lehren-Plus. Um dieses Plus präzisieren zu können, wird noch einmal an die Eingangsbesinnung aus Kapitel 3.2.1 angeknüpft.

Die Eingangsbesinnung in zwei Schritten – Erstens: Wählen Sie in Gedanken einen beliebigen Unterrichtsinhalt. Zweitens: Formulieren Sie Ihre Erwartungen an den Lernertrag am Ende der entsprechenden Sequenz. Z. B.: „Nach soundso vielen Stunden erwarte ich, dass die Schülerinnen und Schüler nun …" – ließe sich ebenso gut durchführen im Blick auf Lehrkräfte. Lehrkräfte wollen in aller Regel bei ihren Schülerinnen und Schülern die Zunahme an Kenntnissen, an Handlungs- und an Reflexionsfähigkeit (Kompetenzen) erwirken. Übertragen auf die Lehrkräfte lautet die Frage entsprechend: Was müssen *Lehrkräfte* können (und tun), damit die Lernenden an Kenntnissen, Fertigkeiten und Bereitschaften (Kompetenzen) zunehmen? Um diese Frage zu beantworten, lässt sich die Eingangsbesinnung auf folgende Weise modifizieren.

> ▶ Wählen Sie in Gedanken einen beliebigen Inhalt der Lehrerbildung und -profession (z. B.: Methoden; Aufsichtspflicht; Leistungsbeschreibung und -messung; Kooperatives Lernen u. v. a. m.).
>
> ▶ Stellen Sie sich nun bitte vor, eine entsprechende Lernzeit im Rahmen der Lehrerbildung – der ersten, der zweiten oder der dritten Phase, also des Studiums, des Referendariats oder einer Fortbildungsmaßnahme – sei nun abgeschlossen. Ergänzen Sie nun bitte folgenden Halbsatz: „Am Ende der Lehrerbildungsmaßnahme zum Thema ... erwarte ich, dass die Lehrkräfte dazu in der Lage sind ...".

Die Satzergänzungen werden einander, aber auch den Satzergänzungen aus Schülerperspektive, auf frappierende Weise ähneln: Wir erwarten beispielsweise, dass die Lehrkräfte über ein Methodenrepertoire verfügen (Kenntnisse), dass sie die Methoden sachgerecht anwenden (Fertigkeiten) und sie Bedingungen für einen situations- und schülergerechten Methodeneinsatz reflektieren können (Reflexionsfähigkeit). Mit anderen Worten: Auch diese zweite Übung induziert ein Verständnis von „Kompetenz", nur eben auf Seiten der Lehrkräfte. Und auch diese Satzergänzungen lassen sich überführen in Kompetenzbeschreibungen, die etwa lauten:

> **Die Lehrkräfte**
>
> ▶ vermitteln den Schülerinnen und Schülern Methoden des selbstbestimmten, eigenverantwortlichen und kooperativen Lernens und Arbeitens;
>
> ▶ gestalten Lehr-Lernprozesse unter Berücksichtigung der Erkenntnisse über den Erwerb von Wissen und Fähigkeiten;
>
> ▶ verknüpfen fachwissenschaftliche und fachdidaktische Argumente und planen und gestalten Unterricht.
>
> (KMK 2004b)

Im weiteren Verlauf des Buches wird sich deshalb auch die Frage nach möglichen Auswirkungen auf die Lehrerbildung und ihre Didaktik stellen. Verbindet man die Ebene der Schülerinnen und Schüler mit der der Lehrerinnen und Lehrer, so entsteht folgender Zusammenhang:

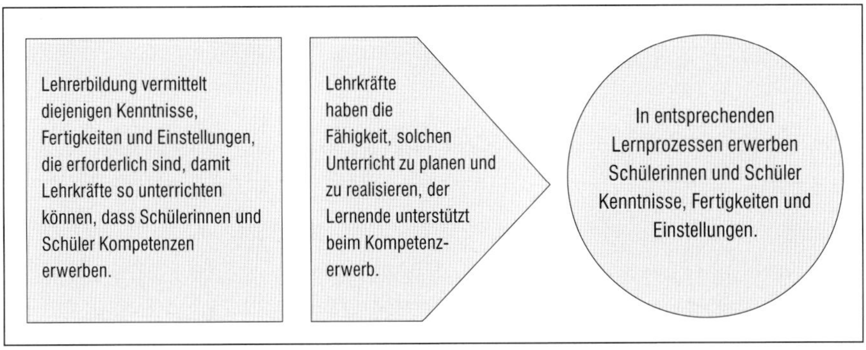

Abb. 10: Kompetenzorientiert lehren, lernen und ausbilden

Diese Grafik ist von rechts nach links, also vom Ziel her, zu lesen, wenn das Ziel schulischen Unterrichtens und Lernens darin besteht, dass Schülerinnen und Schüler Kompetenzen erwerben. Lehrkräfte benötigen dafür entsprechendes Wissen und Können, das wiederum im Zuge der Lehrerbildung erworben werden muss. Bei dieser Leserichtung werden die Sätze notgedrungen immer länger, denn es durchdringen sich abermals mathetische und didaktische Perspektiven.

Sie ist aber auch von links nach rechts lesbar. In dieser Leserichtung ergibt sich eine Kette von Fragen und Antworten: Was muss Lehrerbildung leisten? Antwort: Dass Lehrkräfte die Fähigkeit erwerben, Lehr-Lernprozesse unter Berücksichtigung der Erkenntnisse über den Erwerb von Wissen und Fähigkeiten zu gestalten. – Was ist das Ziel solcher Lernprozesse? Antwort: Dass Schülerinnen und Schüler dadurch sachkundig, handlungs- und reflexionsfähig werden. – Was also müssen Lehrkräfte können? Sie benötigen mindestens so große Expertise im Lehren wie im Lernen, und zwar sowohl dem der Schülerinnen und Schüler als auch ihrem eigenen.

# 4 Kompetenzentwicklung planen und begleiten

Kompetenzorientierte Unterrichtsplanung ist Lernwegeplanung. Ausgangspunkt aller Planung ist das Ziel, also die verbindliche Beschreibungen von Kompetenzen sogenannter Bildungsstandards, die die Planungs- und Gestaltungsaufgabe freisetzen. Wenn dies das Ziel ist, welche Wege könnten zu diesem Ziel führen bzw. den Lernenden zur Erreichung dieses Zieles verhelfen? Gemeint sind geeignete Inhalte, verschränkt mit den anzustrebenden Kompetenzen, aber auch den Lernweg unterstützende Methoden und Aufgaben, Instruktionen und Lernarrangements. Diese grundsätzliche Struktur – verbindlich und vorgegeben ist das Ziel, die Lehrkraft gestaltet Wege zu diesem Ziel – ist nur dann tragfähig und wirksam, wenn hinreichende Zielklarheit besteht. Diese Zielklarheit wird im ersten Schritt mithilfe einer Doppelfrage einer Prüfung unterzogen, die ich seit meinem Buch *Bildungsstandards in der Praxis* (Ziener 2006, 2008) als „Kompetenzexegese" bezeichne. Hinzu gekommen ist in der Zwischenzeit die Diskussion um die sogenannten Operatoren, mit deren Hilfe die Leitfrage aus dem zweiten Kapitel nach einer didaktischen Antwort auf die Vielfalt und Heterogenität der Lernvoraussetzungen wieder aufgegriffen wird. Von hier aus führt der Weg über die Frage nach Kompetenzrastern zur Sequenzierung und Graduierung von Lernprozessen und Lernergebnissen. Was sind dafür geeignete Methoden und Aufgaben, wie findet oder konstruiert man sie, wie können sie variiert und differenziert werden? Den Anschluss (vgl. Kap. 5) bilden Vorschläge für die Beratung und Begleitung von Unterricht sowie für die Erstellung eines schriftlichen Unterrichtsentwurfs.

## 4.1 Kompetenzexegese oder: Was kann ein Kind, wenn es das kann?

Bildungsstandards geben Ziele vor, Lehrkräfte planen und gestalten (Lern-) Wege zu diesen Zielen – das ist die kürzeste Zusammenfassung der bisherigen Ausführungen. Voraussetzung dafür, dass dieses Konzept gelingen kann, ist allerdings die inhaltliche Klarheit solcher Ziele, soll heißen: dass unter allen Lehrkräften ein Konsens darüber besteht, was diese Zielformulierungen substantiell bedeuten und woran sich zeigen wird, ob bzw. inwieweit dieses Ziel durch die Schülerinnen und Schüler erreicht wird.

Zur Überprüfung dieser Zielklarheit verwende ich eine Übung, die in der Beantwortung einer Doppelfrage besteht. Ausgangspunkt sind beliebige in Kraft befindliche Bildungsstandards, z. B.:

> Die Schülerinnen und Schüler …
> ▶ können mit geeigneten Einheiten und unterschiedlichen Messgeräten sachgerecht messen *(Mathematik, Primarbereich)*;
> ▶ können Sprechbeiträge und Gespräche situationsangemessen planen *(Deutsch, Primarbereich)*;

▷ nutzen ein geeignetes Modell zur Deutung von Stoffeigenschaften auf Teilchenebene *(Chemie, Mittlerer Schulabschluss);*

▷ verstehen die Aussagen einfacher literarischer Texte *(1. Fremdsprache, Mittlerer Schulabschluss);*

▷ verwenden Analogien und Modellvorstellungen zur Wissensgenerierung *(Physik, Mittlerer Schulabschluss).*

(KMK 2004a)

Die Doppelfrage, die an jeden einzelnen dieser Standards zu stellen ist, lautet:

▶ Was kann eine Schülerin, ein Schüler, wenn sie oder er im entsprechenden Alter über diese Kompetenz verfügt („Was kann ein Kind, wenn es das kann?")?

▶ Wie könnte sich solches Können (graduell) unterscheiden, stufen und entwickeln („Was kann man, wenn man das ein bisschen kann?")?

Besonders die zweite Frage hat es buchstäblich in sich. Das wird noch einmal deutlich durch folgendes Übungsblatt:

| |
|---|
| Bitte wählen Sie eine der nachfolgenden Bildungsstandards aus und beantworten Sie für sich oder in Gruppen von maximal fünf Kolleginnen und Kollegen die beiden unten notierten Fragen. |

Die Schülerinnen und Schüler …

▶ können mit geeigneten Einheiten und unterschiedlichen Messgeräten sachgerecht messen *(Mathematik, Primarbereich);*

▶ können Sprechbeiträge und Gespräche situationsangemessen planen *(Deutsch, Primarbereich);*

▶ nutzen ein geeignetes Modell zur Deutung von Stoffeigenschaften auf Teilchenebene *(Chemie, Mittlerer Schulabschluss);*

▶ können die Aussagen einfacher literarischer Texte verstehen *(1. Fremdsprache, Mittlerer Schulabschluss);*

▶ verwenden Analogien und Modellvorstellungen zur Wissensgenerierung *(Physik, Mittlerer Schulabschluss).*

| Regelstandard | 1. Beschreiben Sie bitte in Ihren Worten, was eine Schülerin oder ein Schüler am Ende der Primarstufe bzw. beim Erreichen des Mittleren Schulabschlusses in der Regel kann (können sollte), wenn er über die entsprechende Kompetenz verfügt. |
|---|---|
| Mindeststandard | 2. Beschreiben Sie, was im Blick auf die von Ihnen gewählte Kompetenz eigentlich alle Schülerinnen und Schüler mindestens können müssten. |

Abb. 11: Kompetenzexegese

Der Sinn dieser Doppelfrage ist ein dreifacher:

▶ *Lernausgangslage*: Niemals wird eine Lehrkraft in der Alltagspraxis die – vielleicht erträumte, aber irreale – Situation antreffen, dass innerhalb einer Klasse oder Lerngruppe alle anwesenden Schülerinnen und Schüler zum gleichen Zeitpunkt über die gleichen Kenntnisse und Fähigkeiten im selben Maße verfügen werden. Sie werden, einfach gesprochen, unterschiedlich viel wissen und können. Um den unterschiedlichen Lernenden jeweils passgenaue Lernangebote machen zu können, braucht es mehr als das „Gefühl", dass manche mehr können und wissen und andere eben weniger; was also kann man, wenn man dieses oder jenes mehr oder weniger kann?

▶ *Lernentwicklung:* Bildungsstandards sind keine Stundenziele, sie definieren vielmehr mittel- und langfristige Lernziele. Die klassische Frage der Unterrichtsarbeit lautet deshalb: Welchen Schritt auf diesem Weg leistet die nächste Stunde? Wie fängt diese Kompetenz an, was muss man zuerst können, wie baut sich eine Kompetenz auf?

▶ *Leistungsbeschreibung und -bewertung:* Auch im kompetenzorientierten Unterricht werden Schülerinnen und Schüler zu unterschiedlichen Ergebnissen kommen. Eine zentrale Hoheitsaufgabe von Lehrkräften besteht darin, solche Leistungen zu taxieren. Alle deutschen Notenbildungsverordnungen sehen eine Taxierung in den Werten eins bis sechs mit allen denkbaren Zwischenwerten vor. Die verblüffende Kontrollfrage lautet schlicht: Was kann man, wenn man „die Aussagen einfacher literarischer Texte versteht" – und zwar auf dem Ziffernniveau 2,75?

Die Frage nach der Graduierung und Sequenzierung von Kompetenzen ist also unabweisbar: Was kann ein Kind, wenn es das kann? Und: Was kann man, wenn man das „ein bisschen", „ordentlich" oder „richtig gut" kann?

Die im Folgenden geschilderten Erfahrungen mit der Übung „Kompetenzexegese" stammen aus mehreren hundert Versuchen mit geschätzten mehr als 30.000 Kolleginnen und Kollegen aus der täglichen Unterrichtspraxis. Sie werden unter den zwei Gesichtspunkten (1) des Interpretationsbedarfs von Bildungsstandards und (2) der Notwendigkeit, aber auch der Problematik von Mindeststandards zusammengefasst.

### 4.1.1 Interpretationsbedarf

Bildungsstandards beschreiben gewissermaßen „Bilder" von Lernenden am – wie auch immer vorläufigen – Ziel eines Lernprozesses. Es kann kaum erstaunen, dass diese „Bilder" bei unterschiedlichen Lehrpersonen voneinander abweichen. Eine durchgängige Rückmeldung zu der Übung „Kompetenzexegese" lautet deshalb sinngemäß: „Der Sinngehalt des Bildungsstandards wirkte auf den ersten Blick höchst plausibel und eindeutig. Aber je länger wir uns damit beschäftigten, desto diffuser erschien uns seine eigentliche Bedeutung. Es wurde uns erst im Gespräch bewusst, wie unterschiedlich man diese scheinbar eindeutige Zielformulierung verstehen kann." Diese Rückmeldung wirkt zunächst wie ein Affront gegen die Funktion von Bildungs*standards*: Sollen sie nicht quasi objektiv klären und definieren, welche vergleichbaren, beobachtbaren und messbaren Lernleistungen von Schülerinnen und Schülern unabhängig von der unterrichtenden Lehrperson erbracht werden sollen? Gleichwohl muss gelten: Bildungsstandards sind zwar normativ, also bindend, aber sie können und dürfen nicht normieren, also den Prozess der individuellen Aneignung durch die Lehrperson gewissermaßen überspringen. Jeder Prozess der Aneignung ist aber immer auch ein Prozess der Interpretation. Die scheinbare Schwäche von Bildungsstandards – eben nicht zweifelsfrei definieren zu können, was „objektiv" gewusst und gekonnt werden soll –, ist genau betrachtet ihre Stärke: ein öffentliches Bildungssystem braucht normative Vorgaben, doch die daraus resultierenden Bildungsprozesse dürfen niemals den Anschein erwecken, Menschen, ihre Lern- und Interaktionsprozesse normieren zu wollen.

## 4.1.2 Mindeststandards

Eine Weiterführung der Übung „Kompetenzexegese" besteht darin, dass der gewählte Bildungsstandard auf drei Anspruchsebenen oder -niveaus entfaltet wird, nämlich einem „Mindestniveau", einem „Regel-" und einem „Expertenniveau". Dabei lässt sich beobachten, dass die Schwierigkeit gewissermaßen von „oben" nach „unten" deutlich zunimmt. Auf dem höchsten Niveau kann man schlicht „alles"; auf dem Regelniveau muss man Leistungserwartungen mit erwartbaren Lernvoraussetzungen und dem Entwicklungsstand realer Schülerinnen und Schüler abgleichen. Am schwierigsten wird es bei der Formulierung eines Mindeststandards, salopp gesprochen: der unteren Schmerzgrenze; nüchterner gesprochen: der Definition einer ausreichenden Lernleistung. Um es noch deutlicher zu sagen: Welches Können entspricht der Notenstufe 4,0? Die bereits angesprochene Frage einer kompetenzorientierten Leistungsbeschreibung und -bewertung muss noch einmal gesondert aufgegriffen werden.

Der „Mindeststandard" hat sowohl eine qualitative, als euch eine quantitative Komponente. „Mindestens" heißt, alles unter diesem Niveau ist unzureichend, im Notenwert gesprochen, mangelhaft oder gar (qualitativ) ungenügend. Quantitativ bedeutet, dieses Minimum sollten eigentlich alle erreichen können. So findet man sich bei der Frage nach dem Mindestniveau unversehens in der brisanten Abwägung zwischen dem Wünschbaren und dem Erwartbaren. Erfahrungsgemäß liegen die Formulierungen eines Mindeststandards viel zu hoch. Am Beispiel der Fähigkeit, „Sprechbeiträge und Gespräche situationsangemessen (zu) planen" (s. o.) lauten die Mindest-Wünsche etwa: Alle Schülerinnen und Schüler verfügen über ein hinreichend differenziertes Repertoire der Standardsprache; sie identifizieren Alltagssituationen und können sprachsensibl auf ihr Repertoire zugreifen; sie überlegen (planen), bevor sie sprechen, und sind sich möglicher Missverständnisse bewusst … Längst wird deutlich, diese (erhofften) „Mindeststandards" wird ein beträchtlicher Anteil der Lerngruppe niemals erreichen, aber er wird dennoch sein Leben und auch die Abschlussprüfung bestehen können.

Was heißt das? Doch offenbar Folgendes:

▶ Die Formulierung von Mindeststandards führt in der Regel nicht zu validen „Standards" im strengen Sinne. Lehrkräfte vergleichen beispielsweise unterschiedliche Jahrgänge oder Lerngruppen mit unterschiedlicher Schülerzusammensetzung („Im letzten Jahrgang hätte ich mir vorstellen können ...; bei meiner jetzigen Lerngruppe niemals ...") oder sie treffen individuelle, auf einzelne Personen bezogene Einschätzungen.

▶ Die Nivellierung von Kompetenzen und Standards ist deshalb so schwierig, weil es nicht (nur) um die Quantifizierung von Wissensbeständen geht – „...nennen drei, fünf oder sieben Geschichtsdaten" –, sondern um Wissen *und* Können!

▶ Realistische Mindeststandards – also solche, die tatsächlich von der überwiegenden Mehrheit der Schülerinnen und Schüler oder gar von allen eingelöst werden können – neigen bei diesem Experiment gern zu einer kaum erträglichen Banalität und Trivialität. Sarkastisch ausgedrückt, lautet ein realistischer Mindeststandard am genannten Beispiel: „Können destruktive Beiträge unterdrücken, können Störungen unterlassen."

▶ Aus alldem erklärt sich die große Weigerung sowohl der Kultusverwaltungen der Länder, als auch der Kultusministerkonferenz, in Lehr- oder Bildungsplänen solche Mindeststandards auszuweisen – obwohl die im Jahr 2007 von Klieme und anderen namhaften Autorinnen und Autoren erstellte Expertise *Zur Entwicklung nationaler Bildungsstandards* dies unmissverständlich gefordert hatte.[6] Die Verweigerung gegenüber der Forderung nach Mindeststandards verdankt sich neben den geschilderten Schwierigkeiten auch der verbreiteten Befürchtung, Mindeststandards nivellierten das Bildungsniveau insgesamt unweigerlich nach unten. Denn Mindeststandards *allein* formulieren ja lediglich, was man mindestens lernen kann und verweigern die Auskunft darüber, was man zusätzlich lernen kann, wenn man über das Minimum bereits verfügt. Gleichwohl ist unmittelbar einleuchtend, dass Lehrkräfte allein um ihrer Handlungssicherheit willen mindestens ein „Gefühl" dafür benötigen, welches Wissen und Können Schülerinnen und Schüler benötigen, um ihre Bildungs- und Entwicklungschancen nutzen zu können. Eine Auskunft darüber, was man mindestens lernen kann, ist das öffentliche Schulsystem schließlich auch der Gesellschaft, den Eltern und nicht zuletzt den Kindern und Jugendlichen gegenüber schuldig.

---

[6] „Müssen Bildungsstandards eine Stufe festlegen, unter die kein Lernender zurückfallen soll (‚Mindeststandard'), eine mittlere Niveaustufe, die im Durchschnitt erreicht werden soll (‚Regelstandard'), oder ein Ideal (‚Maximalstandard')? In dieser Frage sind prinzipiell unterschiedliche Lösungen denkbar. Hier wird jedoch nachdrücklich empfohlen, in den nationalen Bildungsstandards für Deutschland ein verbindliches Minimalniveau festzuschreiben." (Klieme et al.. 2003, S. 27)

### 4.1.3 Schlussfolgerungen

Die Übung „Kompetenzexegese" ist eine intensive, weil sowohl die Rahmenbedingungen (Strukturen) als auch die Lernprozesse unmittelbar tangierende Form der Auseinandersetzung mit Bildungsstandards sowie deren Aneignung durch die Lehrkräfte. Es kann schon aus zeitökonomischen Gründen nicht darum gehen, diese Übung für jeden der unzähligen Bildungsstandards einzeln durchzuführen. Die Erfahrung hat vielmehr gezeigt, dass diese Übung im besten Sinne des Wortes exemplarisch ist. Sie dient der Sensibilisierung von Lehrkräften für die Vielfalt von Lernschritten und -niveaus. Lehrkräfte melden nach dieser Auseinandersetzung mit den Bildungsstandards nicht selten zurück, sie seien lange nicht mehr so intensiv über ihre eigentliche Sache ins Gespräch gekommen.

Die Durchführung der geschilderten „Kompetenzexegese" könnte man allerdings für völlig überflüssig halten, seit es sogenannte Operatorenlisten mit Erläuterungen gibt, die doch genau das leisten sollen: klar zu definieren, was man kann, wenn man etwas „beschreiben", „erläutern" oder „interpretieren" kann. In der Tat stellen solche Operatorenlisten einen deutlichen Fortschritt für die Praxis des kompetenzorientierten und differenzierenden Lehrens und Lernens dar. Doch überflüssig wird die Kompetenzexegese durch die Einführung, Auflistung und Definition von Operatoren keineswegs, wie der folgende Abschnitt erläutern soll.

## 4.2 Kompetenzen und Operatoren (EPAs)

Bildungsziele, ganz gleich in welcher Form, müssen „operationalisierbar" sein. Das heißt, Lehrkräfte müssen sie „bewirken", herstellen, unterstützen und bei ihrem Entstehen und ihrer Entwicklung beobachten, begleiten und zuletzt auch einschätzen und beschreiben, messen und bewerten können. Ob dies gelingen kann, hängt ganz maßgeblich von den in den Bildungszielen verwendeten Verben ab, die ja das erhoffte und angestrebte Können der Lernenden in Worte fassen. Es macht schließlich einen erheblichen Unterschied, ob Lernprozesse darauf zielen, dass die Lernenden etwas „beschreiben", „deuten", „anwenden" oder „herausarbeiten" oder ob sie etwas „prüfen", „beurteilen" oder „erörtern" können, um nur einige Beispiele zu nennen. Die *Operationalisierbarkeit* von Bildungszielen in der Form von Kompetenzbeschreibungen hängt offensichtlich an den Verben, die das Können beschreiben. Deshalb nennt man diese Verben auch *Operatoren*. Und diese Verben oder Operatoren in den Kompetenzbeschreibungen transportieren immer auch unterschiedliche Schwierigkeitsgrade der Umsetzung und unterschiedliche Anforderungen an die Lernenden. Spätestens bei der Formulierung von Aufgaben für die Schülerinnen und Schüler wird man auf die Frage stoßen: Erwarte ich die Aufzählung (Reproduktion) von Sachverhalten, deren Erläuterung (Rekonstruktion) oder eine selbstständige Anwendung von Lösungsstrategien (Problemlösen, Transfer)? Es bedeutet deshalb einen wirklichen Fortschritt, dass die Kultusministerkonferenz im Zuge der Umsteuerung von Lehrplänen auf kompetenzorientierte Bildungspläne oder Kerncurricula sukzessive für die einzelnen Unterrichtsfächer „Operatorenlisten" erstellt und verabschiedet hat, in denen das anzustrebende und zu bewertende Können der Schülerinnen und Schüler buchstäblich Wort für Wort definiert wird. Es liegt ja sowohl im Interesse der Lehrkraft als auch im Interesse der Lernenden, zu wissen, was gemeint ist mit der Fähigkeit, etwas zu beschreiben, zu untersuchen oder zu gestalten. Deshalb leisten die Operatorenlisten der Kultusministerkonferenz beides: die Definition von Operatoren wie deren Zuordnung zu unterschiedlichen Anforderungsbereichen.

So lautet etwa im Fach Geschichte die Unterscheidung von Anforderungsbereichen:

▶ Der **Anforderungsbereich I** umfasst das Wiedergeben von Sachverhalten aus einem abgegrenzten Gebiet und im gelernten Zusammenhang unter rein reproduktivem Benutzen eingeübter Arbeitstechniken.

▶ Der **Anforderungsbereich II** umfasst das selbstständige Erklären, Bearbeiten und Ordnen bekannter Inhalte und das angemessene Anwenden gelernter Inhalte und Methoden auf andere Sachverhalte.

▶ Der **Anforderungsbereich III** umfasst den reflexiven Umgang mit neuen Problemstellungen, den eingesetzten Methoden und gewonnenen Erkenntnissen, um zu eigenständigen Begründungen, Folgerungen, Deutungen und Wertungen zu gelangen.

(KMK 2005, S. 6)

Diesen drei Anforderungen werden ganz bestimmte Operatoren zugewiesen, die beispielsweise für das Fach Geschichte folgendermaßen definiert werden:

| nennen<br>aufzählen | zielgerichtet Informationen zusammentragen, ohne diese zu kommentieren |
|---|---|
| aufzeigen<br>beschreiben<br>zusammenfassen<br>wiedergeben | historische Sachverhalte unter Beibehaltung des Sinnes auf Wesentliches reduzieren |

Abb. 12: Anforderungsbereich I (KMK 2005, S. 6–8)

| analysieren<br>untersuchen | Materialien oder historische Sachverhalte Kriterien orientiert bzw. Aspekt geleitet erschließen |
|---|---|
| erklären | historische Sachverhalte durch Wissen und Einsichten in einen Zusammenhang (...) einordnen und begründen |

Abb. 13: Anforderungsbereich II (KMK 2005, S. 6–8)

| beurteilen | Materialien oder historische Sachverhalte in einem Zusammenhang bestimmen, um ohne persönlichen Wertebezug zu einem begründeten Sachurteil zu gelangen |
|---|---|
| entwickeln | gewonnene Analyseergebnisse synthetisieren, um zu einer eigenen Deutung zu gelangen |

Abb. 14: Anforderungsbereich III (KMK 2005, S. 6–8)

Diese in der gymnasialen Oberstufe längst eingeführten und vertrauten Operatorendefinitionen und -graduierungen nach drei Anforderungsbereichen sind in den übrigen Schularten und Jahrgangsstufen noch weithin fremd und lösen bei den Lehrkräften immer wieder einiges Befremden aus, und zwar aus drei Gründen.

▶ Die Verknüpfung dieser Operatoren mit der Abiturprüfung verschreckt verständlicherweise Lehrkräfte aus Schularten, die nicht zum Abitur führen, insbesondere aus dem Primarbereich. Dabei können selbstverständlich auch jüngere Kinder etwas aufzeigen, beschreiben und erklären oder gar deuten, aber sie werden dies „altersentsprechend" tun. Diese Differenzierung geben jedoch die Operatorendefinitionen nicht her. Es zeichnet sich allerdings ab, dass die Kultusministerkonferenz bei der Überarbeitung der Operatoren-Definitionen auf die Zuordnung zu Anforderungsbereichen verzichten wird bzw. die enge Zuordnung auflöst. So kann bspw. „darstellen" – je nach Sachverhalt, nach Kontext der Aufgabe oder Komplexität – eine „einfache", aber auch eine überaus anspruchsvolle Anforderung sein.

▶ Es ist kaum zu übersehen, dass es sich bei diesen Operatoren um solche handelt, die die Kompetenzerwartung von *Aufgaben*, speziell: Abituraufgaben transparent machen sollen. Darin besteht ihr unbestreitbarer Gewinn. Die Operatoren sind deshalb eher abstrakt, kognitiv und auf Texte und Sachverhalte bezogen definiert. Damit fehlen aber sämtliche Operatoren, die in einer Abiturprüfung keinen Raum haben können, wie etwa: sich austauschen über etwas, erfragen, recherchieren oder kreativ gestalten. Es gibt eben keine Abituraufgaben, die etwa lauten: „Klären Sie in der Gruppe", „Ermitteln Sie im Dialog mit ..." oder „Recherchieren Sie im Internet ...", obwohl diese Aufgaben ohne Zweifel Kompetenzen erfordern. Es handelt sich dabei um Kompetenzen, die die Voraussetzung bilden für das erfolgreiche Absolvieren einer Abschlussprüfung. Man muss die „Aufgaben-Operatoren" deshalb ergänzen um „Lernwegs-Operatoren". Das sind Operatoren, die Stufen auf dem Weg hin zu abschließenden Fähigkeiten und Fertigkeiten beschreiben.

▶ Bis heute differieren sowohl die Operatorenlisten als auch die Operatorendefinitionen zwischen den Unterrichtsfächern. Nicht einmal „beschreiben", „erklären", „erläutern" oder „überprüfen" meint im Fach Deutsch dasselbe wie im Fach Geschichte, Physik oder Religionslehre. Die unbestreitbaren Unterschiede zwischen einer Kurvendiskussion in Mathematik und einer Diskussion im Fach Deutsch oder Politik/Gemeinschaftskunde sind damit noch gar nicht angesprochen. Wünschenswert wäre dennoch wenigstens ein Grundbestand an identischen Operatoren-Definitionen wie „aufzählen", „beschreiben", „erläutern", „benennen" oder „Stellung beziehen zu".

Kurzum: Bildungsstandards in Form von Kompetenz- oder Könnensbeschreibungen formulieren Bildungsziele, die operationalisierbar sein müssen. Das heißt selbstverständlich nicht, dass es nicht auch noch andere und weiterreichende Ziele und Dimensionen von Unterricht und schulischem Lernen gäbe, als das, was sich standardisieren und operationalisieren lässt. Lernende benötigen Impulse, sie benötigen Erfahrungs- und Erprobungsräume, sie brauchen Vertrauen und Zutrauen, Wertschätzung und Würdigung, sie brauchen Selbstwirksamkeitserfahrungen und Autonomie, denn nicht nur Erziehung, sondern auch Bildung ist unverzichtbar angewiesen auf Beziehung. Doch all dies gehört zu den weiter oben als *Input- und Opportunity-to-Learn-Standards* bezeichneten Voraussetzungen und Bedingungen, die sich in einem Bildungs- oder Rahmenplan nicht standardisieren lassen. Wenn in diesem Buch der Fokus nahezu ausschließlich auf die dritte Kategorie von Standards, nämlich die der *Leistungsstandards* gerichtet wird, bedeutet dies keinesfalls, dass Lernbedingungen wie Lernatmosphäre, Zutrauen und Beziehung oder gar die Rolle der Lehrerpersönlichkeit geschmälert werden. Man muss geradezu umgekehrt formulieren: je technischer über die „Operationalisierbarkeit" und damit über das Gelingen von Lern- und Bildungsprozessen nachgedacht wird, desto wichtiger ist das Bewusstsein über die Gelingens*bedingungen*, die nicht oder kaum operationalisierbar sind.

## 4.3 Prozess- und inhaltsbezogene Kompetenzen

Kompetenzen werden erworben in Prozessen und an Inhalten. Diese beiden Perspektiven sind zu unterscheiden, aber nicht von einander zu trennen oder gar gegeneinander auszuspielen. Kompetent wird man nur mithilfe von Inhalten („Die Sachen klären"), aber genau diese Klärung der Sachen vollzieht sich grundsätzlich in Form von Prozessen („Die Menschen stärken"). In der Praxis der Lehrplanentwicklung hat die Unterscheidung zwischen den beiden jeweils notwendigen und mit einander verwobenen inhaltlichen und prozessualen Aspekten des Lernens oder Kompetenzerwerbs zur Unterscheidung zwischen sogenannten prozessbezogenen und inhaltsbezogenen Kompetenzen geführt. Zur Verdeutlichung dieser Unterscheidung kann man sich probeweise folgende Fragen beantworten (vgl. Beispielkasten S. 73).

**Beispiel Mathematik**

▶ Was lernt man durchgängig, themen- und jahrgangsübergreifend, wenn man Mathematik lernt – „Was lernt man, wenn man Mathe lernt"?

▶ In welchen Schritten und an welchen mathematischen Gegenständen (Inhalten, Problemfeldern) lernt man Mathematik – „Was kann man, wenn man Mathe kann"?

▶ Tauschen Sie probeweise das Fach Mathematik in den Fragen 1 und 2 durch andere Fächer aus: Was lernt man durchgängig … in Deutsch, Biologie oder Religionslehre? und: In welchen Schritten und an welchen Gegenständen (Inhalten, Problemfeldern) lernt man Deutsch, Biologie oder Religionslehre?

Die Antwort der Mathematik lautet und findet sich so nahezu übereinstimmend in den neueren Lehr- und Bildungsplänen:

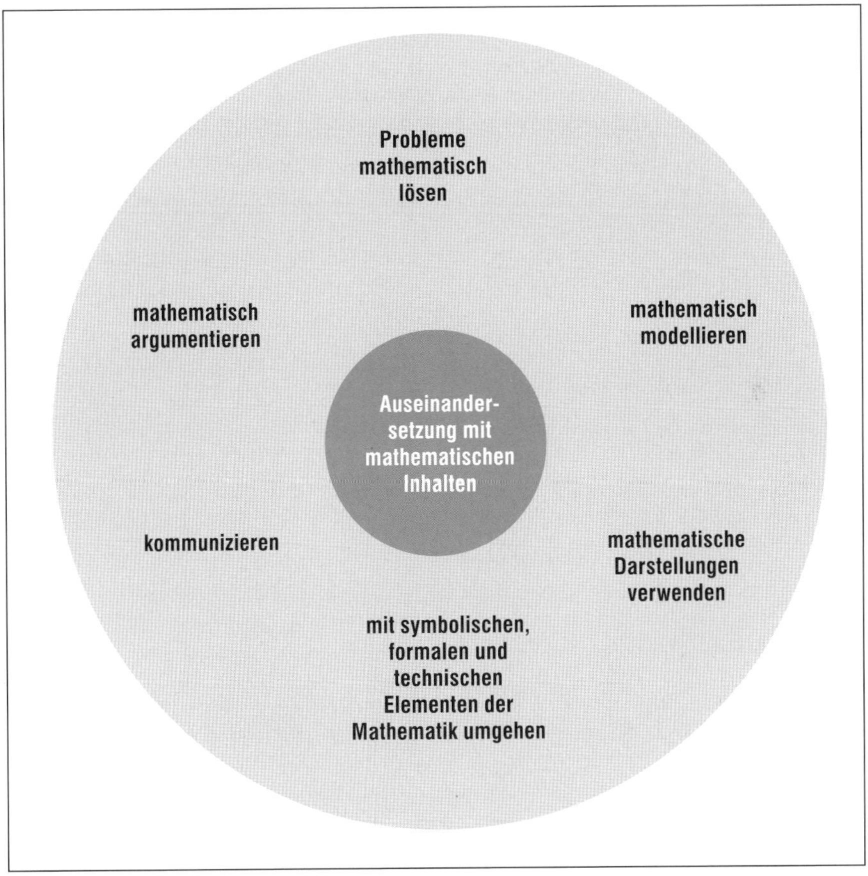

**Probleme mathematisch lösen**

**mathematisch argumentieren**

**mathematisch modellieren**

**Auseinandersetzung mit mathematischen Inhalten**

**kommunizieren**

**mathematische Darstellungen verwenden**

**mit symbolischen, formalen und technischen Elementen der Mathematik umgehen**

Abb. 15: Allgemeine mathematische Kompetenzen im Fach Mathematik (KMK 2004, S. 7)

Dies konkretisiert sich an folgenden „mathematischen Leitideen":

---

**Folgende mathematische Leitideen sind zu Grunde gelegt:**

▶ Zahl,

▶ Messen,

▶ Raum und Form,

▶ Funktionaler Zusammenhang,

▶ Daten und Zufall.

Eine Leitidee vereinigt Inhalte verschiedener Sachgebiete und durchzieht ein mathematisches Curriculum spiralförmig.

---

Abb. 16: Leitideen für das Fach Mathematik (KMK 2004c, S. 7)

Selbstverständlich unterscheiden sich die Felder oder Bereiche der prozessbezogenen Kompetenzen fach- oder domänenspezifisch. Und nicht in jedem Fach ist die Unterscheidung zwischen prozess- und inhaltsbezogenen Kompetenzen so plausibel wie im Fach Mathematik. Das hängt damit zusammen, dass natürlich auch inhaltsbezogene Kompetenzen sich in Prozessen entwickeln. Man erkennt das daran, dass die beiden Zusatzfragen in Anführungszeichen – „Was lernt man, wenn man Mathe lernt?" – „Was kann man, wenn man Mathe kann?" – ebenso gut umgekehrt zugeordnet werden könnten: Wer Mathematik kann, kann mathematisch argumentieren, begründen, kommunizieren usw.; und er oder sie lernt dies an Zahlen, messbaren Größen, funktionalen Zusammenhängen usw. Wichtig erscheint in jedem Fall: Es sind wohl kaum Lernprozesse ohne Inhalte denkbar – aber es gibt landauf, landab einen allein auf „Sachkompetenz" abzielenden „Fachunterricht" ohne Berücksichtigung der fachspezifischen prozessbezogenen Kompetenzen. Man kann mathematisch sachgerecht mit Zahlen, Daten oder Formeln umgehen, ohne diesen Umgang versprachlichen, begründen oder kommunizieren zu lernen. Und dabei geht es nicht um die Höhe der mathematischen Beweisführung, sondern beispielsweise um die sukzessive und quasi als Hintergrundbeleuchtung aktive Bearbeitung mathematischer Operationen und Vollzüge.

## 4.4 Kompetenzraster

Wer (dazu-)lernt, macht Fortschritte. Lernfortschritte zu machen heißt, Dinge zunehmend „besser" zu können, mehr Dinge zu wissen und sich zunehmend differenziert, vernetzend, selbstständig, problem- und lösungsorientiert verhalten zu können. Lernen heißt, Wissen und Können zu erweitern, zu vertiefen und zu vernetzen. Auf genau solche Lernfortschritte zielt schulischer Unterricht. Die dafür notwendigen und geeigneten Lernwege möchte didaktisches Handeln bereitstellen, anleiten und begleiten. Damit solche Lernfortschritte planbar und operationalisierbar sind, sollten sie beschreib- und messbar sein. Jede Didaktik – sei sie „lernzielorientiert", „inhaltsorientiert", „schüler- oder „problemorientiert" – stößt früher oder später auf dieses Bedürfnis, ihre jeweilige Sicht auf Lernerfolg und Lernfortschritt systematisch darzulegen. Was heißt das für eine kompetenzorientierte Didaktik?

Kompetenzen, so lautet die Grundverständigung, beschreiben das Wissen und Können von Personen. In der Gestalt von Bildungsstandards übernehmen Kompetenzbeschreibungen gewissermaßen die Funktion von „Bemühungsversprechen" der Lehrperson bzw. des Systems Schule: Bis dahin versuchen wir, Lernende anzuleiten und zu begleiten – das trauen wir ihnen in der Regel (oder mindestens) zu. Entscheidend ist nun der Prozess der persönlichen Aneignung von Kompetenzen. Diese kleine Unterscheidung zwischen Kompetenz und Bildungsstandard wird im Folgenden noch bedeutsam werden. Kompetenzen, so wurde jedenfalls immer wieder deutlich, sind bei Menschen nicht einfach *vorhanden*, sondern sie *entwickeln* sich in Lernprozessen. Es gibt also nichts, was man nicht unterschiedlich gut können oder allmählich besser können könnte. Der Fokus auf „unterschiedlich gut können", auch das ist inzwischen deutlich geworden, ist mehr und etwas anders als allein der Blick auf unterschiedliche und zählbare Wissensbestände, wie wohl sie eine wichtige Rolle auch für die Kompetenzen eines Menschen spielen. Das, was unterschiedliche Personen zu einem ganz bestimmten Zeitpunkt wissen und können, wird häufig unterschiedlich sein. Spannend ist nun die Frage, ob es so etwas wie eine zwangsläufige, unausweichliche, plan- und beschreibbare Stufung und Entwicklung von Kompetenzen gibt. Es ist dies die Frage nach sogenannten „Kompetenzmodellen" oder „Kompetenzstufenmodellen". Im Sinne des bisher Ausgeführten muss ein Kompetenzmodell zwei Anforderungen genügen. Es muss Lernprozesse sequenzierbar und graduierbar machen. Ein Kompetenzmodell muss Auskunft darüber geben, in welchen schlüssigen, aufeinander folgenden Schritten Kompetenzen zunehmen, und wie die jeweilige Kompetenzstufe – nach Lage der schulrechtlichen Voraussetzungen – in eine Ziffernnote umrechenbar ist. Die Ziffernnote als die schärfste Form der Graduierung musste hier bereits erwähnt werden. Ihre Problematisierung erfolgt weiter unten.

Auf die Fragestellung der Sequenzierung und der Graduierung von Lernfortschritten sind wir in allen drei voranstehenden Kapiteln bereits gestoßen. Die „Kompetenzexegese" (1) versuchte eine erfahrungs- und professionsbasierte Antwort: Was kann man, wenn man über eine Kompetenz verfügt, und wie unterscheidet und stuft sich solches Können? Für eine einigermaßen gerechte und vergleichbare Leistungsmessung wird dies nicht ausreichen. Die definierten Operatoren (2) boten eine Graduierung über Definitionen und Anforderungsbereiche. Die Frage der Sequenzierung können die Operatoren nur sehr unbefriedigend beantworten. Schließlich die Unterscheidung zwischen prozess- und inhaltsbezogenen Kompetenzen (3) eröffnete den Blick für den grundsätzlichen Prozesscharakter des Lernens und zeigte fach- oder domänenspezifische Modelle. Einen Ausweg aus dieser Gemengelage scheinen Vielen die sogenannten Kompetenzraster zu bieten. Ausgehend von der „Mutter aller Kompetenzraster" nach dem *Gemeinsamen Europäischen Referenzrahmen für Sprachen (GER)* werden im Folgenden Chancen und Grenzen von Kompetenzrastern für den unterrichtlichen Gebrauch gegeneinander abgewogen.

## 4.4.1 Der Gemeinsame Europäische Referenzrahmen für Sprachen (GER)

Der *GER* ist nichts anderes als ein soeben eingefordertes Kompetenzmodell, und zwar ausdrücklich für alle „modernen", also in der Gegenwart gesprochenen, Verkehrssprachen. In Anlehnung an eine „Unter-", „Mittel-" und „Oberstufe" unterscheidet der *GER* zunächst drei grundlegende Levels, nämlich A: Basic User (Elementare Sprachverwendung); B: Independent User (Selbstständige Sprachverwendung) und C: Proficient User (Kompetente Sprachverwendung). Die drei grundlegenden Levels sind jeweils zweigeteilt, sodass insgesamt sechs Stufen von A1 „Beginner" (Einstieg) bis C2 „Mastery" (Exzellente Kenntnisse) entstehen (vgl. Abb. 17).

Bereits durch die äußere Form sind drei wesentliche Funktionen und Eigenschaften dieses Rasters erkennbar:

▶ **Selbstbestimmtes (selbstverantwortliches, selbstorganisiertes) Lernen**
Allein schon durch die „Ich kann"-Formulierungen ist erkennbar der erste Adressat, die erste Adressatin dieses Rasters der bzw. die Lernende. Vorausgesetzt, die Lernenden können in ihrer Ursprungssprache sämtliche Texte dieses Rasters lesen und verstehen, können sie nun im Blick auf eine Fremdsprache reflektieren und ggf. beurteilen, auf welcher Kompetenzstufe sie stehen. Dies muss eingeschränkt formuliert werden, denn es liegt durchaus die Frage nahe: Erkenne ich überhaupt, ob ich das kann? Hinzukommt, dass die „Ich kann"-Formulierungen ganz offensichtlich von den definierten Operatoren (s. o.) und ihren Anforderungsbereichen keinen Gebrauch machen. In den ersten beiden Zeilen wird fast ausschließlich der Operator „verstehen" verwendet, aber er wird jeweils in einem anspruchsvolleren Kontext verwendet. Doch wie kann ich beurteilen, was ich kann?

**Im schulischen Gebrauch** ist die Antwort auf diese Frage eine doppelte: Stellt man sich dieses Raster wie einen Adventskalender vor, so öffnet sich hinter jedem Türchen eine kleinschrittige sogenannte „Check-" oder „Lernwegeliste" mit weiteren „Ich kann"-Formulierungen, die wiederum zu Aufgaben oder sogenannten „Lernjobs" führen. Durch deren Erledigung kann ich Gewissheit herstellen, ob ich „das kann" oder eben nicht und infolgedessen meine Selbsteinschätzung weiter nach links im Raster korrigieren muss. Das ist die eine Antwort. Die zweite schulische Antwort sei hier nur kurz angerissen mit Stichworten Lernentwicklungsgespräch und Lerncoach. Denn zu erkennen, wo ich stehe, gibt mir ja noch keine Gewissheit darüber, wohin ich als nächstes gehen soll und was ich dafür brauche. Dass Lernende bei aller

**Europäische Kompetenzstufen – Raster zur Selbstbeurteilung**

| | | A1 | A2 | B1 | B2 | C1 | C2 |
|---|---|---|---|---|---|---|---|
| **VERSTEHEN** | Hören | Ich kann vertraute Wörter und ganz einfache Sätze verstehen, die sich auf mich selbst, meine Familie oder auf konkrete Dinge um mich herum beziehen, vorausgesetzt, es wird langsam und deutlich gesprochen. | Ich kann einzelne Sätze und die gebräuchlichsten Wörter verstehen, wenn es um für mich wichtige Dinge geht (z. B. sehr einfache Informationen zur Person und zur Familie, Einkaufen, Arbeit, nähere Umgebung). Ich verstehe das Wesentliche von kurzen, klaren und einfachen Mitteilungen und Durchsagen. | Ich kann die Hauptpunkte verstehen, wenn klare Standardsprache verwendet wird und wenn es um vertraute Dinge aus Arbeit, Schule, Freizeit usw. geht. Ich kann vielen Radio- oder Fernsehsendungen über aktuelle Ereignisse und über Themen aus meinem Berufs- oder Interessengebiet die Hauptinformationen entnehmen, wenn relativ langsam und deutlich gesprochen wird. | Ich kann längere Redebeiträge und Vorträge verstehen und auch komplexer Argumentation folgen, wenn mir das Thema einigermaßen vertraut ist. Ich kann im Fernsehen die meisten Nachrichtensendungen und aktuellen Reportagen verstehen. Ich kann die meisten Spielfilme verstehen, sofern Standardsprache gesprochen wird. | Ich kann längeren Redebeiträgen folgen, auch wenn diese nicht klar strukturiert sind und wenn Zusammenhänge nicht explizit ausgedrückt sind. Ich kann ohne allzu große Mühe Fernsehsendungen und Spielfilme verstehen. | Ich habe keinerlei Schwierigkeit, gesprochene Sprache zu verstehen, gleichgültig ob „live" oder in den Medien, und zwar auch, wenn schnell gesprochen wird. Ich brauche nur etwas Zeit, um mich an einen besonderen Akzent zu gewöhnen. |
| | Lesen | Ich kann einzelne vertraute Namen, Wörter und ganz einfache Sätze verstehen, z. B. auf Schildern, Plakaten oder in Katalogen. | Ich kann ganz kurze, einfache Texte lesen. Ich kann in einfachen Alltagstexten (z. B. Anzeigen, Prospekten, Speisekarten oder Fahrplänen) konkrete, vorhersehbare Informationen auffinden und ich kann kurze, einfache persönliche Briefe verstehen. | Ich kann Texte verstehen, in denen vor allem sehr gebräuchliche Alltags- oder Berufssprache vorkommt. Ich kann private Briefe verstehen, in denen von Ereignissen, Gefühlen und Wünschen berichtet wird. | Ich kann Artikel und Berichte über Probleme der Gegenwart lesen und verstehen, in denen die Schreibenden eine bestimmte Haltung oder einen bestimmten Standpunkt vertreten. Ich kann zeitgenössische literarische Prosatexte verstehen. | Ich kann lange, komplexe Sachtexte und literarische Texte verstehen und Stilunterschiede wahrnehmen. Ich kann Fachartikel und längere technische Anleitungen verstehen, auch wenn sie nicht in meinem Fachgebiet liegen. | Ich kann praktisch jede Art von geschriebenen Texten mühelos lesen, auch wenn sie abstrakt oder inhaltlich und sprachlich komplex sind, z. B. Handbücher, Fachartikel und literarische Werke. |
| **SPRECHEN** | An Gesprächen teilnehmen | Ich kann mich auf einfache Art verständigen, wenn mein Gesprächspartner bereit ist, etwas langsamer zu wiederholen oder anders zu sagen, und mir dabei hilft zu formulieren, was ich zu sagen versuche. Ich kann einfache Fragen stellen und beantworten, sofern es sich um unmittelbar notwendige Dinge und um sehr vertraute Themen handelt. | Ich kann mich in einfachen, routinemäßigen Situationen verständigen, in denen es um einen einfachen, direkten Austausch von Informationen und um vertraute Themen und Tätigkeiten geht. Ich kann ein sehr kurzes Kontaktgespräch führen, verstehe aber normalerweise nicht genug, um selbst das Gespräch in Gang zu halten. | Ich kann die meisten Situationen bewältigen, denen man auf Reisen im Sprachgebiet begegnet. Ich kann ohne Vorbereitung an Gesprächen über Themen teilnehmen, die mir vertraut sind, die mich persönlich interessieren oder die sich auf Themen des Alltags wie Familie, Hobbys, Arbeit, Reisen, aktuelle Ereignisse beziehen. | Ich kann mich so spontan und fließend verständigen, dass ein normales Gespräch mit einem Muttersprachler recht gut möglich ist. Ich kann mich in vertrauten Situationen aktiv an einer Diskussion beteiligen und meine Ansichten begründen und verteidigen. | Ich kann mich spontan und fließend ausdrücken, ohne öfter deutlich erkennbar nach Worten suchen zu müssen. Ich kann die Sprache im gesellschaftlichen und beruflichen Leben wirksam und flexibel gebrauchen. Ich kann meine Gedanken und Meinungen präzise ausdrücken und meine Beiträge geschickt mit denen anderer verknüpfen. | Ich kann mich mühelos an allen Gesprächen und Diskussionen beteiligen und bin auch mit Redewendungen und umgangssprachlichen Wendungen gut vertraut. Ich kann fließend sprechen und auch feinere Bedeutungsnuancen genau ausdrücken. Bei Ausdrucksschwierigkeiten kann ich so reibungslos wieder ansetzen und umformulieren, dass man es kaum merkt. |
| | Zusammenhängendes Sprechen | Ich kann einfache Wendungen und Sätze gebrauchen, um Leute, die ich kenne, zu beschreiben und um zu beschreiben, wo ich wohne. | Ich kann mit einer Reihe von Sätzen und mit einfachen Mitteln z. B. meine Familie, andere Leute, meine Wohnsituation, meine Ausbildung und meine gegenwärtige oder letzte berufliche Tätigkeit beschreiben. | Ich kann in einfachen zusammenhängenden Sätzen sprechen, um Erfahrungen und Ereignisse oder meine Träume, Hoffnungen und Ziele zu beschreiben. Ich kann kurz meine Meinungen und Pläne erklären und begründen. Ich kann eine Geschichte erzählen oder die Handlung eines Buches oder Films wiedergeben und meine Reaktionen beschreiben. | Ich kann zu vielen Themen aus meinen Interessengebieten eine klare und detaillierte Darstellung geben. Ich kann einen Standpunkt zu einer aktuellen Frage erläutern und Vor- und Nachteile verschiedener Möglichkeiten angeben. | Ich kann komplexe Sachverhalte ausführlich darstellen und dabei Themenpunkte miteinander verbinden, bestimmte Aspekte besonders ausführen und meinen Beitrag angemessen abschließen. | Ich kann Sachverhalte klar, flüssig und im Stil der jeweiligen Situation angemessen darstellen und erörtern; ich kann meine Darstellung logisch aufbauen und es so den Zuhörern erleichtern, wichtige Punkte zu erkennen und sich diese zu merken. |
| **SCHREIBEN** | INHALTLICH / SCHRIFTLICH | Ich kann eine kurze einfache Postkarte schreiben, z. B. Feriengrüße. Ich kann auf Formularen, z. B. in Hotels, Namen, Adresse, Nationalität usw. eintragen. | Ich kann kurze, einfache Notizen und Mitteilungen schreiben. Ich kann einen ganz einfachen persönlichen Brief schreiben, z. B. um mich für etwas zu bedanken. | Ich kann über Themen, die mir vertraut sind oder mich persönlich interessieren, einfache zusammenhängende Texte schreiben. Ich kann persönliche Briefe schreiben und in von Erfahrungen und Eindrücken berichten. | Ich kann über eine Vielzahl von Themen, die mich interessieren, klare und detaillierte Texte schreiben. Ich kann in einem Aufsatz oder Bericht Informationen wiedergeben oder Argumente und Gegenargumente für oder gegen einen bestimmten Standpunkt darlegen. Ich kann Briefe schreiben und darin die persönliche Bedeutung von Ereignissen und Erfahrungen deutlich machen. | Ich kann mich schriftlich klar und gut strukturiert ausdrücken und meine Ansicht ausführlich darstellen. Ich kann in Briefen, Aufsätzen oder Berichten über komplexe Sachverhalte schreiben und die für mich wesentlichen Aspekte hervorheben. Ich kann in meinen schriftlichen Texten den Stil wählen, der für die jeweiligen Leser angemessen ist. | Ich kann klar, flüssig und stilistisch dem jeweiligen Zweck angemessen schreiben. Ich kann anspruchsvolle Briefe und komplexe Berichte oder Artikel verfassen, die einen Sachverhalt gut strukturiert darstellen und so dem Leser helfen, wichtige Punkte zu erkennen und sich diese zu merken. Ich kann Fachtexte und literarische Werke schriftlich zusammenfassen und besprechen. |

Abb. 17: Europäische Kompetenzstufen, Raster zur Selbstbeurteilung (LS 2012, S. 13)

Selbstverantwortung Menschen brauchen, die sie beim Gebrauch ihrer Verantwortung begleiten, hat zur bereits angesprochenen und missverstehbaren Umbenennung der Lehrperson in den Lernbegleiter geführt.

▶ **Sequenzierung**

In dieser Hinsicht ist das Kompetenzraster des *GER* unbestechlich. Die Abfolge der Schritte von A1 bis C2 ist unausweichlich. Das jeweils weiter links befindliche Feld ist die unabdingbare Voraussetzung für das Erreichen eines jeweils weiter rechts liegenden Feldes – und niemand wird in der Lage sein, auf dem Weg der Lernentwicklung von „links" nach „rechts" auch nur eines der Felder zu „überspringen". Kompetenzraster in der Form des *GER* sind im Grunde Lern-Chronologien, sie beschreiben eine notwendige und unausweichliche Reihenfolge der Lernentwicklung. Das heißt im Umkehrschluss, und das ist der besondere Charme dieses Kompetenzrasters, dass alle Lernenden – und auch die Lehrenden! – irgendwo zwischen „Beginner" und „Native Speaker" unterwegs sind. Die gesamte Lernentwicklung und die gesamte Schulgemeinde hat auf einer Papierseite vom Format DIN A4 Platz. Und für jeden Zwischenschritt lässt sich mit Sicherheit die „Zone der nächsten Entwicklung" (Wygotsky 1929) angeben. Damit wird das Instrument der Selbsteinschätzung zugleich zum Wegweiser, und zwar in höchst möglicher Individualität.

**Im schulischen Gebrauch** wird solch ein Kompetenzraster zum ständigen Begleiter aller Lernenden. Ihre Lernstände und -fortschritte werden durch farbige Klebepunkte markiert, die mehr oder weniger zügig von links nach rechts wandern, aber bei jeder und jedem im eigenen Rhythmus, auch in den unterschiedlichen „Sub-Domänen" wie Hören, Lesen oder Sprechen. An die Stelle gemeinsamer „Klassenarbeiten" treten individuelle Leistungsnachweise zu unterschiedlichen Zeitpunkten; keine Schülerin, kein Schüler wird genötigt, im Gleichschritt dort weiterzumachen, wo die Mehrheit steht oder wo „man" laut Lehrplan oder Schulbuch stehen sollte. Der Unterrichtstag muss selbstverständlich rhythmisiert sein, individuelle Lernzeiten, Lernateliers oder -büros müssen eingerichtet, passgenaue Lernjobs müssen bereitgestellt und gepflegt werden. Was hier womöglich zu euphorisch klingt, ist nur eine Beschreibung des Konzepts „Kompetenzraster" und seiner Konsequenzen und noch keine Beurteilung seiner Wirksamkeit.

▶ **Graduierung**

Der *GER* zielt ausdrücklich auf den Erwerb von international anerkannten und vergleichbaren Zertifikaten, die die grenzüberschreitende Mobilität, die Anerkennung von Abschlüssen und Zugangsberechtigungen und vieles mehr ermöglichen. Das heißt, die Stufen der Kompetenzentwicklung und die Stufen der Qualifikation und Zertifikation fallen in eins.

**Im schulischen Gebrauch** hat es sich eingebürgert, die Kompetenzstufen des *GER* folgendermaßen zu qualifizieren:

| A1 | A2 | B1 | B2 | C1 | C2 |
|----|----|----|----|----|----|
| Abschluss der Grundschule | Hauptschulabschluss | Mittlerer Schulabschluss | Übergang zu Sek II | Abitur | Hochschulstudium |

Damit wird sofort deutlich: Kompetenzstufen des *GER* sind keine Notenwerte! Um eine schon häufiger verwendete Formulierung zu gebrauchen: Auf jeder der Stufen von A1 bis C2 kann man Dinge unterschiedlich gut können. Das bedeutet aber auch, dass jede Schule, die mit diesem Instrument arbeitet, eine Reihe von Fragen beantworten muss, von denen die Drängendsten lauten: Wie gut muss man über die jeweils beschriebene Kompetenz verfügen, dass man in das nächst höhere Feld wechseln kann? Wie addieren oder mitteln sich Teilkompetenzen – im Hören, Lesen, Sprechen usw. – auf unterschiedlichen Kompetenzstufen? Und nicht zuletzt: Wie übersetzen sich die Kompetenzstufen in Noten, solange die Schulgesetze mindestens für Bildungsabschlüsse Ziffernnoten fordern?

Die Frage der Umrechnung von Lernstands- und Lernentwicklungsbeschreibungen in Ziffernnoten, die sich mithilfe von Kompetenzrastern nahelegen, leitet über zu einer Reihe von kritischen Anmerkungen zur Arbeit mit Kompetenzrastern.

▶ **Rasterung**

Wer an Kompetenzrastern vor allem ihre diagnostische Funktion hervorhebt, setzt sich leicht dem Vorwurf aus, vor allem an einer „Rasterung" der Lernenden interessiert zu sein; das böse Wort von der Pädagogischen Diagnostik als „Rasterfahndung" macht bereits die Runde. Daran ist sicher zutreffend, dass – neben der unglücklichen Wortwahl eines „Rasters" – jede sprachliche Formulierung und Festlegung auf bestimmte, beobachtbare Merkmale des Lernens immer Gefahr läuft, auszublenden, was nicht benannt wird. Wichtig an der Kritik am „Rastern" von Schülerinnen und Schülern ist vor allem die damit möglicherweise verbundene Defizitorientierung. Entscheidend ist bei den Lernprozesse beschreibenden Rastern, Listen oder Taxonomien, wofür sie in Dienst genommen werden: für die Feststellung, was alles nicht oder wie wenig gekonnt wird – oder für die Orientierung, worin für mich der nächste Schritt bestehen kann, um den übernächsten und den meinen Fähigkeiten entsprechenden höchsten Lernerfolg zu erreichen.

▶ **Individuelles Lernen – und Gemeinschaft?**

Kompetenzraster bieten im besten Sinne eine ganz und gar eigenständige Form des wirklich auf die einzelne Person der und des Lernenden bezogenen Lernweges. Damit birgt die Arbeit mit dem Kompetenzraster auch die Gefahr der Vereinzelung der Lernenden und damit der Erschwerung bestimmter Lernvorgänge – ausgerechnet am Beispiel einer modernen Fremdsprache. Die drängende Frage lautet: Welchen Raum erhalten Dialog, Kommunikation und Gemeinschaft im Lernen? Als ausschließliche Lernform ist die Arbeit mit dem Kompetenzraster schlechterdings nicht vorstellbar. Dies ist allerdings aufgrund des dritten und letzten Einwandes kaum zu befürchten.

▶ **Validität**

Der Begriff der Validität beschreibt in der empirischen Forschung die Anforderung, dass ein Instrument zweifelsfrei das messen und sichtbar machen muss, was es zu messen vorgibt. Um es gleich vorwegzunehmen: Es hat den Anschein, dass es außer dem nun ausführlich besprochenen Kompetenzraster für moderne Sprachen auf der Basis des *GER* kein zweites Kompetenzraster für ein weiteres Unterrichtsfach gibt, bei dem in der beschriebenen Weise Sequenzierung und Graduierung in eins fallen. Dies betrifft insbesondere das Fach Mathematik, aber auch alle sozial-, gesellschafts- und naturwissenschaftlichen Unterrichtsfächer. Die Kritik an den Kompetenzrastern, die hier vorgebracht wird, versteht sich als konstruktiv, also lösungsorientiert. Deshalb hat sie Auswirkungen sowohl auf den Aspekt der Sequenzierung von Lernleistungen als auch auf den Gemeinschaftscharakter von Lernprozessen. Da es vor dem Messen und Bewerten (Graduierung) von Lernfortschritten um deren Beschreibung und Planung (Sequenzierung) geht, beginnt das folgende Kapitel mit der Frage nach einer validen Sequenzierung.

## 4.4.2 Kompetenzraster und die Sequenzierung von Lernschritten

Das Internet ist voll von Kompetenzrastern zu den unterschiedlichsten Fächern, denn an vielen Orten helfen sich Schulen selbst und erfinden solche Raster.

Bei den meisten dieser Kompetenzraster fällt jedoch eine gewisse Zufälligkeit in der Abfolge von Lernleistungen auf. Das soll folgendes Beispiel veranschaulichen:

| LF (=Lernfortschritt) 1 | LF2 | LF3 | LF4 | LF5 | LF6 |
|---|---|---|---|---|---|
| Ich kann alltagsbezogene Repräsentanten zur Vorstellung von Größen verwenden und beim Schätzen anwenden. | Ich kann den Umfang von Quadraten und Rechtecken ermitteln. | Ich kann den Flächeninhalt von Quadraten und Rechtecken ermitteln. | Ich kann das Grundprinzip des Messens nutzen, insbesondere bei der Winkelmessung. | Ich kann das Grundprinzip des Messens nutzen, insbesondere bei der Volumenmessung. Ich kann den Rauminhalt von Würfeln und Quadern ermitteln. | Ich kann in den gängigen Größenbereichen, vor allem des Rauminhaltes, rechnen und Größeneinheiten in benachbarte Einheiten umwandeln. |
| Ich habe eine realistische Vorstellung von Längenmaßen. | Ich habe den Umfang von Quadraten und Rechtecken mit Hilfe von verschiedenen Strategien erforscht. | Ich habe den Flächeninhalt von Quadraten und Rechtecken erforscht. | Ich kann Strecken, Geraden und Flächen und bestimmte Körper zeichnen und klassifizieren. | Ich habe Rauminhalte erforscht. | Ich kann Rauminhalte messen und umrechnen. |
| Ich habe eine realistische Vorstellung von Flächenmaßen. | Ich kann den Umfang von Quadraten und Rechtecken berechnen. | Ich kann den Flächeninhalt von Quadraten und Rechtecken berechnen. | Ich habe Winkel erforscht. | Ich kann Flüssigkeiten messen. | Ich kann mit Rauminhalten rechnen. |
| Ich habe eine realistische Vorstellung von Gewichten. | | | Ich kann Winkel (ohne Vorgaben) zeichnen, beschriften und erkennen. | | Ich habe die Rauminhaltsberechnung erforscht. |
| Ich habe eine realistische Vorstellung von Raummaßen. | | | Ich kann Winkelarten unterscheiden. | | Ich kann Rauminhalte berechnen. |
| Ich habe eine realistische Vorstellung im Umgang mit Geld. | | | Ich kann Winkel schätzen und messen. | | |

Abb. 18: Auszug aus dem Kompetenzraster Mathematik Klasse 5–6 mit Teilkompetenzen (LS 2012, S. 48)

Die ursprüngliche Graduierung („Mutter aller Kompetenzraster") von A1 bis C2 wurde wohlweislich in „Lernfortschritte" (LF) von 1 bis 6, bezogen allein auf die Schuljahre 5 und 6, übersetzt. Im Einzelnen fragt man sich, warum „das Grundprinzip des Messens, insbesondere bei der Winkelmessung" (LF4) „schwieriger" sein soll als die Fähigkeit, „den Flächeninhalt von Quadraten und Rechtecken (zu) ermitteln" (LF3). Die Antwort wird ganz pragmatisch lauten: Wir machen eben erst das Eine und dann das Andere, aber wir könnten es auch in umgekehrter Reihenfolge anbieten. Denn ganz offensichtlich ist die Befähigung zum LF3 nicht die zwingende Voraussetzung zum LF4. Ganz allgemein gefragt: Ist die Algebra die zwingende Voraussetzung für die Geometrie oder umgekehrt? Schülerinnen und Schüler würden womöglich antworten: Das Eine fällt mir leichter als das Andere. Aber nicht unbedingt in einer bestimmten Reihenfolge. Übertragen auf das Fach Geografie: Ist denn die Topografie Indiens „schwieriger" als die Topografie Nordamerikas oder Australiens, ist das Eine die Voraussetzung für das Andere? Schülerinnen und Schüler würden wohl sagen: Das Eine hat mich mehr interessiert als das Andere. Bei Indien habe ich nicht aufgepasst, aber Australien war wieder interessant. Das heißt, das Lernen in den meisten Fächern ist keineswegs so kumulativ und spiralcurricular, wie gern behauptet wird. Wer bei Indien nicht aufpasst, kann dennoch bei Australien „gut sein".

Setzen die Fächer in ihren Kompetenzrastern wirklich ihre ureigensten Fachsystematiken um – sofern sie sich darüber überhaupt im Klaren sind – oder sind viele Kompetenzraster im Grunde nicht Stoffverteilungspläne im kompetenz-orientierten Gewand? Diese Vermutung erklärt, warum auch wenig valide Kompetenzraster in der Praxis in der Regel „funktionieren": Sie geben klare Arbeitspläne vor, was in welcher Reihenfolge zu erledigen ist. Wer Schulen, die konsequent mit Kompetenzrastern arbeiten, besucht, beobachtet Kinder und Jugendliche, die emsig und wohlinstruiert arbeiten, weil sie wissen, was als nächstes zu tun ist; anders hingegen bei Schülerinnen und Schülern, die ohne Instruktion und Reglementierung „Arbeitspakete" abarbeiten, die im schlechtesten Falle aus einem Paket von Arbeitsblättern bestehen.

Die konzentrierte und lösungsorientierte Arbeit von Kindern und Jugendlichen sollte man auch dann nicht verächtlich machen, wenn die Aufbaulogik ihrer Aufgaben sich nicht erschließt. Aber man wird damit rechnen müssen, dass es Fächer und Lerndomänen gibt, die sich einer konsequenten sequentiellen Struktur grundsätzlich verweigern: Die Beschäftigung mit der Flora ist nicht einfach „schwieriger" als die Beschäftigung mit der Fauna (oder umgekehrt), das Neue Testament ist nicht die kompetenzorientierte Steigerung des Alten Testaments, die organische Chemie setzt nicht zwingend die anorganische Chemie voraus.

Daraus resultiert die beruhigende Botschaft, dass nicht alle Unterrichtsfächer mit struktur-logisch aufbauenden Kompetenzrastern arbeiten können – und müssen – und sie dadurch trotzdem nicht weniger aufbauend und logisch sind.

### 4.4.3 Kompetenzraster und die Graduierung von Lernfortschritten

Bereits im vorangegangenen Abschnitt wurde darauf hingewiesen, dass die Kompetenzstufe A1 in einem Fach mitnichten der Stufe A1 in einem anderen Fach entspricht. Es bestehen sogar Zweifel, ob die Graduierung in ein und demselben Fach in der Vertikalen konsequent ist. Warum ist die Fähigkeit, „das Grundprinzip des Messens (zu) nutzen, insbesondere bei der Längen- und Flächenmessung" (erste Spalte, LF1) gleich einzustufen wie die Fähigkeit, „alltagsbezogene Repräsentanten zur Vorstellung von Größen (zu) verwenden und beim Schätzen an(zu)wenden" (ebenfalls erste Spalte, LF1)? Verstehe ich als Schülerin, als Schüler überhaupt, was ich im einen wie im anderen Fall können sollte? Ich verstehe das so: Ich kann lineare Maßeinheiten zur Flächenberechnung einsetzen – und ich kann alltägliche Vergleichsgrößen für Maßeinheiten nennen, etwa die Abholzungen in der Größe des Saarlandes oder die Beschleunigung einer Hauskatze. Ist es das, was gemeint ist? Man kann über diese Frage hinweggehen und sagen: Hauptsache, die Lernenden betreiben ihr ureigenes Geschäft, nämlich das Lernen, und sie entwickeln sich kontinuierlich weiter. Aber man müsste ihnen auch ehrlicherweise sagen, dass ihreWeiterentwicklung zwar einem Plan entspricht, aber nicht immer einer zwingenden Logik.

Die Schlussfolgerung lautet: Je weniger ein Komptenzraster der Qualifizierung und Graduierung von Lernleistungen dient, desto besser. Vielleicht, und das ist eine kühne Hoffnung, gelingt es ja, mithilfe von Kompetenzrastern den Wechsel zu schaffen weg von einer kollektiven, schein-objektiven und vergleichbaren Bewertung hin zu einer individuellen und personalen Wertschätzung von Lernleistungen. Kompetenzraster können und wollen gar keine Auskunft geben darüber, ob eine Schülerin oder ein Schüler in einem Fach pauschal „gut" oder eher „schlecht" ist. Sie wollen allein die Frage beantworten: Wo stehst du und wohin bewegst du dich im mathematischen Argumentieren, Kommunizieren oder im Gebrauch von symbolischen Repräsentanten? Sehr viel hilfreicher als inhaltsbezogene Kompetenzraster wären sehr wahrscheinlich Stufenfolgen prozessbezogener Kompetenzen. Das könnte die Lösung sein und das Desiderat, dass auch hinsichtlich der Leistungsmessung endlich ernst gemacht würde mit dem Prozesscharakter allen Lernens. Niemand kann alles, aber niemand kann nichts. Und das, was jemand kann, sollte auch entsprechend gewürdigt und bewertet werden.

### 4.4.4 Kompetenzraster und gemeinsames Lernen

Die unübersehbare Stärke des Lernens mit Kompetenzrastern besteht in der je individuellen Bearbeitung und Bewältigung von Lernsequenzen. Die kritische Rückfrage wurde bereits gestellt: Wie steht es – bei aller Pflicht zur individuellen Berücksichtigung von Lernprozessen – um den Gemeinschaftscharakter des Lernens? Individualisierung, also Berücksichtigung der je eigenen

Lernvoraussetzungen und -entwicklungen, kann und darf sicherlich nicht heißen: Individuation, Vereinzelung und Aufspaltung von Lerngemeinschaften in Lernmonaden. Lernen heißt immer auch, gemeinsam und vor allem voneinander zu lernen. Dieser dritte Kritikpunkt weist auf eine gewisse Schwäche, aber auch eine verborgene Stärke individualisierender Lernkonzepte hin. Was individuell – also jeder und jedem – entspricht, muss auch intersubjektiv kommunizierbar, subjektiv nachvollziehbar sein. Thorsten Bohl (2004, S. 20–30) spricht von „kommunikativer Validierung", das heißt auch individuelle und personalisierte Lern- und Bewertungskonzepte bedürfen der intersubjektiven Verständigung und Transparenz. Das Experiment der „Kompetenzexegese" wies in diese Richtung, auf der Seite der Lehrenden. Das kann – didaktisch gewendet – auch auf Seiten der Lernenden gelingen. Kompetenzraster können, recht verstanden, selbst zum didaktischen Instrument der Vergemeinschaftung von Lernerwartungen werden, indem wir fragen: Was lernt und kann man eigentlich in Mathematik (Englisch, Geografie, Religion) – und was davon kann ich bereits heute?

## 4.5 Kompetenzstufenmodell: vier Kategorien des Lernens

Ich fasse zusammen aus den vorangegangenen Kapiteln über die Kompetenzexegese (1), die Operatorendefinitionen (2), die Unterscheidung zwischen prozess- und inhaltsbezogenen Kompetenzen (3) und die Kompetenzraster (4):

▶ Lernen muss beschreibbar sein hinsichtlich seiner Ziele und hinsichtlich der Wege hin zu diesen Zielen. Es bedarf also einer **„Kompetenzexegese"**: „Was kann ein Kind, das das kann?" und „Wie unterschiedlich kann man das können?". Beide Fragen werden beispielsweise in Form von „Erwartungshorizonten" zu konkreten Aufgabenstellungen von Lehrkräften bewusst oder intuitiv kraft ihrer Professionalität jeden Tag unzählige Male beantwortet; *allerdings lässt die Kompetenzexegese sehr viel Raum für subjektive Einschätzungen.*

▶ Das, was Lernende allmählich oder letztlich können, drückt sich aus in Verben oder Prädikaten, die dieses Können qualifizieren und graduieren. Weil diese Verben und Prädikate nur solche Lernleistungen beschreiben dürfen, die Lehrende operativ umsetzen können, heißen diese Verben und Prädikate **„Operatoren"**. Damit klar ist, was von den Lernenden zu können und von den Lehrenden zu tun ist, werden diese Operatoren definiert und nach Anforderungsbereichen qualifiziert. *Leider sind diese Operatoren eher dazu geeignet, Abschlüsse von Lernprozessen, also Prüfungsergebnisse, zu definieren, als die dafür erforderlichen Lernschritte.*

▶ Weil Kompetenzen sowohl an Inhalten, als auch in Prozessen erworben werden, empfiehlt sich die **Unterscheidung zwischen prozess- und inhaltsorientierten Kompetenzen** für jedes einzelne Unterrichtsfach. Die Unterscheidung zwischen prozess- und inhaltsorientierten Kompetenzen ist allerdings schon deshalb schwierig, *weil auch inhaltsbezogene Kompetenzen prozessual und auch Lernprozesse nur an Inhalten vollzogen werden.*

▶ Die Schwierigkeit, fächerübergreifende Kompetenzentwicklungsmodelle zu formulieren, führt nahezu notwendig zu fachspezifischen **„Kompetenzrastern"**. In solchen Rastern wird versucht, fachspezifisch, aber themenübergreifend zu beschreiben, was man in diesem Fach in welcher aufsteigenden Reihenfolge lernen kann. Allein: Die inzwischen überaus zahlreich vorhandenen Kompetenzraster sind in ihrer Überzahl nicht valide. *Die Abfolge der einzelnen Lernschritte ist vielfach beliebig. Gleiche Graduierungen von A1 bis C2 sind in unterschiedlichen „Sub-Domänen" nicht aufeinander abgestimmt.*

Die Summe dieser Beobachtungen und Einschätzungen führt im Folgenden zu einem Kompetenzmodell, das versucht, die kursiv formulierten Bedenken aufzugreifen. Noch einmal ist der Ausgangspunkt die sogenannte Eingangsreflexion über die Lernerwartungen aus Kapitel 3.2.1, genauer deren Ergebnisse (s. o., S. 40). Ebenso gut lassen sich die nachstehenden Beobachtungen und Schlussfolgerungen an den veröffentlichten Bildungsstandards aufzeigen. Noch einmal richtet sich die Aufmerksamkeit auf den Operator; präziser müsste man eigentlich vom Prädikat sprechen, also dem ganzen Satzglied, in das das Verb eingebunden ist. Dabei fällt auf, dass sich die jeweils verwendeten Operatoren in folgende vier Kategorien unterteilen lassen:

| |
|---|
| 1. Im Blick auf alle Fächer, Schularten und Jahrgangsstufen finden sich Prädikate, die etwa lauten: Die Schülerinnen und Schüler können ... *verstehen,* sie *wissen (dass, wie, warum ...);* sie *verfügen über Kenntnisse* in ...; sie *kennen sich aus* mit, *sind informiert* über, *erkennen, durchdringen ...* |
| → schulischer Unterricht ist Arbeit an der **Kognition** |
| 2. Unabhängig von den jeweiligen Gegenständen, Themen, Inhalten und Fragestellungen finden sich in allen Schularten und Jahrgangsstufen Prädikate, die etwa lauten: Die Schülerinnen und Schüler können ... *Auskunft geben, formulieren (dass, wie, warum ...)* oder *berichten;* sie können sprechen über ... oder mit ..., sie können *wiedergeben, erzählen, erfragen, aushandeln, in eigenen Worten formulieren ...* |
| → schulischer Unterricht ist Arbeit an der **Kommunikation** |
| 3. Sowohl bei den subjektiven Erwartungen, als auch in den Lehr- und Bildungsplänen finden sich unabhängig von Fächern, Schularten und Jahrgangsstufen Prädikate, die etwa lauten: Die Schülerinnen und Schüler können ... *anwenden, sachgemäß umgehen mit, planen* oder ... *durchführen;* sie können *recherchieren, entwerfen, methodisch vorgehen, kreativ gestalten, visualisieren, bauen, erstellen, experimentieren ...* |
| → schulischer Unterricht ist Arbeit an der **Handlungs- und Gestaltungsfähigkeit** |
| 4. Und schließlich: Fächer- und themenübergreifend finden sich in allen Schularten und Jahrgangsstufen Prädikate, die etwa lauten: Die Schülerinnen und Schüler können ... *vergleichen, bewerten, reflektieren, einschätzen, abwägen, beurteilen, Position beziehen, Stellung nehmen, betrachten aus der Sicht von ...* |
| → schulischer Unterricht ist Arbeit an der **Reflexion** |

Abb. 19: Einteilung von Operatoren

Liest man diese vier Kategorien des Lernens in einem Zuge, so lautet der allgemeine Bildungsauftrag aller Fächer: Schulischer Unterricht verhilft Lernenden, sachkundig und verständig (Kognition), sprach- und auskunftsfähig (Kommunikation), handlungs- und gestaltungsfähig (Gestaltung) sowie urteils- und entscheidungsfähig (Reflexion) zu werden. Die Abfolge von 1. bis 4. entspricht weder einer Hierarchie, noch einer Chronologie, wenngleich es in der Praxis sinnvolle Abfolgen geben wird. Entscheidend ist vielmehr, dass diese Kategorien in der Praxis des Lernens und des Lebens nicht einzeln und isoliert auftreten werden, sondern mindestens paarweise, indem Lernende beispielsweise etwas sachkundig anwenden, Sachinformationen erfragen, Handlungsabläufe oder methodisches Vorgehen reflektieren, eine Gestaltung erläutern, einen Gedankengang referieren oder praktisch umsetzen. Die in diesen vier Kategorien aufgelisteten und sortierten Operatoren oder Prädikate stimmen zwar teilweise dem Wortlaut nach mit den definierten Operatoren überein, aber sie sind bewusst mit Alltagssprache vermischt und jeweils kontextualisiert. Das heißt, es ist ein Unterschied, ob jemand seinen oder ihren *Schulweg* darstellt oder den *Kategorischen Imperativ*; es ist ein Unterschied, ob jemand eine unbekannte *Vokabel* erfragt oder ein *Stimmungsbild*, ob jemand einen *Projektplan* entwirft oder eine Skizze.

Bricht man nun diese vier Zeilen durch das traditionelle Schema der Anforderungsbereiche – 1. Reproduktion, 2. Rekonstruktion und Transfer, 3. Problemlösen und Urteilsbildung –, so entsteht folgende Gesamtübersicht:

| A. Reproduktion | B. Rekonstruktion und Transfer | C. Problemlösen und Selbstständigkeit |
|---|---|---|
| Zusammenfassung von Texten, die Beschreibung von Materialien und die Wiedergabe von Sachverhalten unter Anwendung bekannter bzw. eingeübter Methoden und Arbeitstechniken (EPA) | selbstständiges Erklären, Bearbeiten und Ordnen bekannter Inhalte und das Anwenden gelernter Inhalte und Methoden auf neue Sachverhalte (EPA) | Entwickeln von Problemlösungen, um zu eigenständigen Deutungen, Wertungen, Begründungen, Urteilen und Handlungsoptionen sowie zu kreativen Gestaltungs- und Ausdrucksformen zu gelangen (EPA) |
| **1. Kognition** | | |
| „Ich kann Informationen, Sachverhalte, etwas Gelerntes, Beobachtetes oder Erkanntes verständlich und vollständig wörtlich wiederholen oder mit eigenen Worten wiedergeben." | „Ich kann Informationen, Sachverhalte, Gelerntes, Erkanntes erläutern und Zusammenhänge auch mit Dingen, die ich früher gelernt oder verstanden habe, in Zusammenhang bringen." | „Ich kann mir Informationen, Hintergründe und Zusammenhänge selbstständig erwerben und sie verstehen und strukturieren." |

| 2. Kommunikation | | |
|---|---|---|
| „Ich kann auf Fragen antworten und mich sachbezogen und aus meiner Perspektive äußern." | „Ich kann mich auf Gesprächs-beiträge anderer beziehen, Meinungen erfragen und Sachverhalte oder Positionen mit meinen Worten zusammenfas-sen." | „Ich kann sprechen und mich äußern aus einer anderen als meiner eigenen (fiktiven, literarischen, mir fremden) und dabei fremde und eigene Äußerungen unterscheiden und erkennbar machen." |
| **3. Gestaltung** | | |
| „Ich kann eine Aufgabenstellung, eine Anweisung oder eine Anleitung verstehen und regelkonform umsetzen." | „Ich kann eine bekannte Methode oder Aufgabenstellung mit veränderten Bedingungen oder in anderen Anwendungsfeldern durchführen." | „Ich kann ein Problem erkennen und dafür eine Lösung entwickeln und erproben." |
| **4. Reflexion (personaler und sozialer Bereich)** | | |
| „Ich kann über einen Sachverhalt, eine Fragestellung oder einen Handlungsablauf nachdenken und dazu eine Einschätzung abgeben." | „Ich kann Einschätzungen, Urteile, Positionen und Stellungnahmen überprüfen." | „Ich kann eine Position einnehmen, die nicht meine eigene ist, und aus dieser Position Stellung beziehen." |

Abb. 20: Fächerübergreifendes Kompetenz(stufen)modell

## Zusammenfassung: Sechs Funktionen des Kompetenzstufenmodells

▶ Diese hier dargebotene Gesamtübersicht versteht sich als ein allgemeines Kompetenzraster oder besser: Kompetenzstufenmodell, das prinzipiell auf jedes Unterrichtsfach und jeden Lerngegenstand oder Handlungsvollzug angewendet werden kann. Im Unterschied zu einem „Kompetenzraster Englisch (oder Deutsch oder Biologie)" – deshalb der Verzicht auf die Bezeichnung als Kompetenzraster – wird hier jedoch nicht der Anspruch erhoben, ein Fach oder eine Domäne als Ganze zu umreißen, sondern lediglich einzelne Lernsequenzen bis herunter zur einzelnen Unterrichtsstunde. Denn die hier gebotenen Kompetenzstufen finden sich womöglich zum selben Zeitpunkt in derselben Lerngruppe. Dieses Kompetenzstufenmodell dient, ebenso wie wenige Kapitel zuvor die Übung „Kompetenzexegese", vorrangig der Sensibilisierung von Lehrkräften für Lernleistungen und Interaktionen von Lernenden. Schülerinnen und Schüler, so wurde bereits mehrfach formuliert, sind die ersten Differenzierer. Das heißt, sie werden auf jede Aufgabenstellung, jede Anforderung und jeden Impuls entweder so – oder eben anders reagieren. Das Kompetenzstufenmodell will Lehrkräfte darin unterstützen, sich in der Vielfalt von Schüler-Interaktionen zurechtzufinden und hat insofern eine **heuristische Funktion**.

▶ Die aus den Kompetenzrastern bekannt Sprachform der „Ich-kann-Formulierungen" soll nicht suggerieren, diese Formulierungen könnten eins zu eins für die unterrichtliche Kommunikation mit Schülerinnen und Schülern verwendet werden; dafür sind sie in vielen Fällen zu schwierig und zu abstrakt. Sie sollen zunächst nur den Perspektivwechsel der Lehrkraft signalisieren und dazu einladen, sie sach- und altersbezogen zu modifizieren: „Du kannst den Inhalt dieses Textes (den Ablauf dieses Experiments, das Vorgehen nach dieser Methode ...) so erklären, dass deine Mitschülerin bzw. dein Mitschüler deine Erläuterung versteht. Du kannst auf Rückfragen antworten und dir notwendige Informationen besorgen." Die Formulierung sind deshalb auch nicht hinreichend valide und demnach wissenschaftlich fundiert und objektiv messbar. Gelingt es jedoch, Lernschritte mithilfe solcher Auskünfte plausibel und überprüfbar zu machen, hätte das Kompetenzstufenmodell damit eine **didaktische Funktion**.

▶ Durch den hier eingeschlagenen Weg der Abstraktion und Verallgemeinerung von Kompetenzstufen gehen zwangsläufig fachspezifische Besonderheiten verloren. Das bedeutet umgekehrt, dass man damit quer zu allen Fächern nach dem Gemeinsamen und Verbindenden, nach Kooperationen und Synergien fragen kann. Das Modell soll ja nicht den fachspezifischen Plan ersetzen, so, als ginge es nur noch um den Erwerb von fächerübergreifenden (inhaltsfreien!) „Basis- oder Schlüsselkompetenzen". Vielmehr dient die verallgemeinernde und abstrakte Form dieser Kompetenzstufen der Erleichterung von **fachinterner und fächerübergreifender bzw. -verbindender Kommunikation**.

▶ Solche Kompetenzstufen sind nicht identisch mit Notenstufen. Schon deshalb verzichten alle veröffentlichen Raster und Stufenmodelle bewusst darauf, die Abstufungen durch Ziffern zu kennzeichnen. Gleichwohl müssen nach Lage der üblichen schulischen Notenbildungs- und Versetzungsordnungen jedenfalls in Deutschland auch Kompetenzstufen früher oder später bzw. spätestens beim Schulwechsel und beim Schulabschluss in Ziffernnoten überführbar sein. Insofern sind Kompetenzstufen neben ihrer heuristischen und ihrer kommunikativen Funktion besonders wichtig für die Leistungsbeschreibung und die Leistungseinschätzung. Dies lässt sich gut verdeutlichen mithilfe der Unterscheidung zwischen summativer und formativer Leistungseinschätzung (vgl. Winter 2012, S. 68–76). Gemeint ist die Unterscheidung zwischen dem „traditionellen Modell" (Felix Winter) einer abschließenden, zusammenfassenden und einen summarischen Ziffernwert errechnenden Messung von Lernleistungen einerseits und andererseits einer den Lernweg begleitenden, diagnostischen und förderorientierten Leistungsbeschreibung, wie sie etwa in Form des Lerncoachgesprächs (Hardeland 2013) oder der Verbalrückmeldung erfolgt. Anhand eines Kompetenzstufenmodells oder eines Rasters lässt sich der Leistungsstand buchstäblich *zeigen*, weshalb in vielen Fällen mit farblichen Markierungen wie Klebpunkten oder Ähnlichem gearbeitet wird; und es lassen sich Lernentwicklungen und -prognosen *aufzei-*

*gen*, weil jeder Lernstand eine „Zone der nächsten Entwicklung" (Wygotski 1929) hat. Treffende Formulierungen in Kompetenzstufenmodellen bieten sozusagen sprachliche Vorlagen für die Kommunikation und Reflexion von Leistungsentwicklungen – im Gespräch mit Lernenden, Lehrenden und Eltern. Für die Übersetzung, also faktisch: Die Umrechnung solcher verbalen Auskünfte in Ziffernnoten gibt es unterschiedliche Verfahren. Zunächst muss man sich bewusstmachen, dass verbale Leistungsbeschreibungen sehr viel kleinschrittiger sind bzw. sein können als etwa die zwei bis vier Testate im Verlauf eines Schulhalbjahres. Gleichwohl sind diese kleinschrittigen verbalen Leistungsbeschreibungen zwar voneinander zu unterscheiden, aber nicht voneinander zu trennen; schon deshalb gibt es die senkrechten Spalten in allen diesen Rastern und Stufenmodellen. Das heißt, Kompetenzen treten in Bündeln auf (vgl. das Zitat von Heymann in Kap. 3). Erst aus solchen Bündeln sind sinnvollerweise Ziffernnoten zu errechnen. Doch es bleibt ein grundsätzlicher Widerspruch. Denkt man in Stufen der Kompetenzentwicklung, so ist die Bezugsnorm für die Beschreibung der Lernentwicklung überwiegend individuell. Einer summativen Leistungsbeschreibung oder -messung muss jedoch zwangsläufig eine „objektive", vergleichbare und normierte (kriteriale) Bezugsnorm zugrunde liegen. Dies wird von Lehrkräften zu Recht als Widerspruch empfunden, denn ein individuell beachtlicher Lernfortschritt wird zwar als solcher rückgemeldet – „Du hast deine Fehlerquote halbiert und deine Anstrengungsbereitschaft verdoppelt!" –, jedoch gemessen an der Norm lautet die Ziffernnote dennoch „ungenügend". Einen Ausweg aus diesem Dilemma bilden nach Leistungsniveaus unterschiedene Rückmeldungen und Systeme von Ziffernnoten. So kann ein und dieselbe Lernleistung auf einem basalen oder grundlegenden Niveau mit „sehr gut" bewertet werden, die auf dem mittleren oder Regelniveau als „befriedigend" und auf dem erweiterten oder Expertenniveau als „ausreichend" gilt. Bei jedem Verlassen der Schule muss deshalb eine Entscheidung getroffen werden: Soll die Schülerin oder der Schüler die Schule als „Hauptschüler(-in)", als „Realschüler(-in)" oder als „Gymnasiast(-in)" verlassen? Nicht wenige Schulen rechnen aus pragmatischen Gründen die drei genannten Abschlüsse mit jeweils einer Note Differenz um. Diese problematische Handhabung wird solange andauern, als allein die Ziffernnote und mit ihr die summative Leistungsbeschreibung für den Schulabschluss in Geltung ist.

▶ Ein letzter Blick auf die Funktionen von Kompetenzstufenmodellen und damit zugleich ein Blick voraus gilt einer spezifischen Frage der Unterrichtsplanung: Wie und wonach sollen Lehrkräfte ihre Impulse, Methoden und Aufgaben differenzieren?

Geht man von einem konsistenten, also folgerichtigen, Stufenmodell aus, so sind prinzipiell zwei Antworten denkbar: Der Unterricht vollzieht sich entweder von „leicht" nach „schwierig" – mit der Konsequenz, dass im Unterrichtsverlauf immer mehr Lernende „zurückgelassen" werden; oder aber der Unterricht vollzieht sich von „schwer" nach „leicht". Dieser zweite Weg wird hier eindeutig favorisiert. Dafür ist eine letzte Bemerkung zu den Kompetenzstufenmodellen entscheidend. Die hier angebotenen drei Stufen der (A) Reproduktion, der (B) Rekonstruktion und des Transfers sowie (C) des Problemlösens und der Selbstständigkeit sind keine Schularten! Hier spielen noch einmal die bereits oben (vgl. Kap. 4.2) zu den Operatoren getroffenen Bemerkungen eine entscheidende Rolle: Es entspricht nicht automatisch und ausschließlich einem „Hauptschulniveau", wenn Schülerinnen und Schüler etwas darstellen oder beschreiben; das müssen auch „gymnasiale" Schülerinnen und Schüler können dürfen – ohne das Dargestellte immer gleich kommentieren, interpretieren oder erörtern zu müssen. Umgekehrt können auch schwächere Schülerinnen und Schüler Stellung beziehen, beurteilen oder bewerten – aber vielleicht auf einer schwächeren Stufe. Führt man diesen Gedanken weiter im Blick auf die Unterrichtsplanung, so hat dies erhebliche Auswirkungen auf die Auswahl und die Variation von Methoden (vgl. Kap. 4.6), von Aufgaben (vgl. Kap. 4.7) und Lernarrangements (vgl. Kap. 5.1).

## 4.6 Kompetenzorientierte Methoden: doppelte Passung (I)

Es gibt gewissermaßen drei elementare „Erlebnisformen" oder „Aggregatzustände" von Unterricht, und zwar sowohl auf Seiten der Lehrenden, als auch auf Seiten der Lernenden. Es sind dies (1) der wie auch immer geartete verbale oder mediale inhaltliche oder methodische Input der Lehrkraft, (2) die Methoden und (3) die Aufgaben. Quer zu allen drei Erlebnisformen schließlich liegt die Frage (4) des Lernarrangements, auf die deshalb im letzten der drei folgenden Abschnitte ein Blick geworfen werden muss. Der Impuls der Lehrkraft als solcher ist von der Frage der Differenzierung und Individualisierung am wenigsten betroffen, denn man kann nicht differenzierend lehren. Man kann allerdings einen Impuls durch die Kombination mit entsprechende Methoden, Aufgabenstellungen oder Lernarrangements unterschiedlich einsetzen bzw. verarbeiten. Diesen drei Fragestellungen nach Methoden, Aufgaben und Lernarrangements folgen deshalb die drei anschließenden Abschnitte.

### 4.6.1 Kompetenzorientierte Methoden finden: das Schlüsselproblem[7]

Methoden sind zunächst das Handwerkszeug der Lehrkraft. Methoden und ihr Einsatz entscheiden weithin darüber, wie sich Unterricht für Schülerinnen und Schüler „anfühlt". Gleichwohl machen Methoden als solche keinen Unterricht. Denn Methoden sind Mittel, die durch ihren Zweck begründet und gerechtfertigt werden. Vordergründig könnte man annehmen, Methoden dienten

---

[7] Zum folgenden Abschnitt vgl. Ziener/Kessler 2012.

der Lehrerleichterung der Lehrenden; das ist ihr Zweck. Methoden machen den Unterricht „leichter", abwechslungsreicher und „flüssiger" und im besten Falle sogar überflüssig, wenn das eintritt, was Unterricht eigentlich bewirken sollte: dass Schülerinnen und Schüler ihr eigentliches Geschäft verrichten und „ins Lernen kommen". Das heißt aber im Umkehrschluss: Methoden dienen gar nicht eigentlich der *Lehrerleichterung von Lehrenden*, sondern in Wahrheit der *Lernerleichterung von Lernenden*. Methoden müssen früher oder später zum Handwerkszeug der Schülerinnen und Schüler werden. Methoden sind das Hilfsmittel zur Entwicklung von Lernaktivität (vgl. Kap. 3.5). Sinn und Zweck, Passung und Eignung von Methoden leiten sich deshalb aus dem Unterrichts- und Lernziel ab, zusammengefasst in dem Wort *Kompetenzerwerb*. Wie aber findet, entwickelt und variiert man geeignete Methoden, und zwar geeignet in einem doppelten Sinne: passend zu den Lernvoraussetzungen der Lernenden und passend zu dem angestrebten Ziel? Die doppelte Antwort ist in dieser Frage bereits enthalten: Methoden begründen sich vom Ziel her. Das Ziel ist der Schlüssel für das Finden von Methoden und die Lernvoraussetzungen der Lernenden sind der Schlüssel für das Variieren von Methoden. In diesem Sinne rede ich von einer „Doppelten Passung" von Methoden, der Passung mit den Zielen und der Passung mit den Lernenden.

Auch an dieser Stelle kann sowohl die sogenannte „Eingangsübung" aus Kapitel 3.2.1 – „Am Ende meiner Einheit über ... erwarte ich, dass die Lernenden jetzt ..." –, als auch deren Weiterführung im Modell der vier Kategorien – 1. Kognition; 2. Kommunikation; 3. Gestaltung; 4. Reflexion (personaler und sozialer Bereich) – eine zentrale Rolle spielen, und zwar im Sinne der ersten Passung. Ein erster Schritt für das Auffinden von Methoden ist deshalb die Klärung des Lern- oder Unterrichtsziels bzw. der Ziele. Lauten meine primären Ziele Gewinnung, Aneignung, Strukturierung und bzw. oder Durchdringung von Sachinformationen (Kognition), dann werde ich andere Methoden in den Blick nehmen, als wenn ich auf Sprachfähigkeit und Kommunikation, auf Gestaltungs- und Handlungsfähigkeit oder auf die Fähigkeit zur Reflexion ziele. In umgekehrter Richtung lautet die Prüffrage an jede Methode: Worauf zielt sie, welches Lernergebnis möchte sie auf welchen Wegen erleichtern?

Dies sei exemplarisch durchgeführt an der Methode „Standbild" oder „Sekundenaufnahme". Sie besteht darin, dass Lernende eine fiktive oder reale Situation oder aber eine (Wechsel-)Beziehung zwischen Personen oder Begriffen in einer unbewegten Szene mit ihren Körpern darstellen. Das Ziel dieser Methode kann – in aufsteigender Reihenfolge – darin bestehen,

▶ eine Szene „anzuhalten", um sie genauer zu betrachten und das eigene Verständnis und das der Gruppe zu erweitern („Was ist da eigentlich passiert?");

▶ sich in nonverbalen Ausdrucksmitteln wie Mimik, Gestik, Körperhaltung, Anordnung im Raum einzuüben und dadurch andere Zugänge zu erwerben, um sich damit auseinanderzusetzen („Wie verändert sich die Aussage, wenn man sie in Sprache ohne Worte übersetzt?");

- sich selbst zu Personen, Abläufen, Beziehungen in Beziehung setzen („Wie fühlt sich diese Position oder Rolle an?");
- die Bedeutsamkeit einer Szene zum Ausdruck zu bringen („Welches ist für euch die wichtigste Szene?");
- die Szene und ihre Dynamik oder Wechselbeziehungen sichtbar zu machen („Wie verhalten sich die Personen oder Begriffe zu einander?").

Kurzum: Die Methode „Standbild" kann, je nach Kontext und Auftrag, sowohl Verständnis, als auch Sprachfähigkeit, Gestaltungs- und Reflexionsfähigkeit befördern.

## 4.6.2 Methoden differenzieren und variieren

Es gibt Methoden unterschiedlicher Reichweite und mit unterschiedlichem Schwierigkeitsgrad. Eine Schlüsselfrage lautet: Was müssen die Schülerinnen und Schüler eigentlich können (und lernen), um mit dieser Methode arbeiten zu können? Die Antwort auf diese Frage wird bei der Methode „Strukturiertes Lesen" anders ausfallen als bei der Methode „Rollenspiel". Die Beantwortung dieser Frage ist aber entscheidend dafür, ob eine Methode „funktioniert". Aber auch eine ganze Reihe von weiteren Fragen (s. Beispiele unten) entscheidet über das Funktionieren einer Methode, angefangen von der Größe der Lerngruppe über das Sozial- und Arbeitsverhalten, die Ausstattung mit entsprechenden Mitteln und räumlichen Voraussetzungen bis hin zu Organisation der Unterrichtszeit.

Fragen zur Differenzierung und Variierung von Methoden können lauten:
- Welche Ziele und Schritte beinhaltet die Methode – und was wäre der jeweils kleinere und der größere Schritt?
- Was müssen sie dafür können – und welche Unterstützungen helfen ihnen dafür?
- Welchen Einfluss hat der veränderte Inhalt auf die Methode?
- Wie könnte eine Reflexion dieser Methode gelingen – wie können die SuS sich die Methode selbst zu eigen machen?

Wiederum an der Methode „Standbild" durchgespielt, könnten Formen und Schritte der Differenzierung so aussehen, und zwar einmal (a) bei einem narrativen Impuls (gehörte, gelesene, gemeinsam gesehene Geschichte), das andere Mal (b) bei einer Begriffsklärung (z.B. Unterscheidung der Begriffe *Separation – Integration – Inklusion*):

(a) narrativer Impuls
- Schülerinnen und Schüler identifizieren eine Schlüsselszene, spielen sie pantomimisch, und „frieren" die Szene auf ein verabredetes Signal hin „ein";
- Schülerinnen und Schüler stellen ein Standbild und lösen es pantomimisch wieder auf (d. h.: spielen den Fortgang);

- ▶ Arbeit mit und ohne Rollenkarten, die entweder vorgegeben oder von den Schülerinnen und Schülern vorher erstellt werden;
- ▶ sie stellen das Standbild; anschließend werden sie in ihrer Rolle und Position interviewt, sprechen auf Berührung an der Schulter je einen Satz, formulieren ein Gefühl, reflektieren ihre Position;
- ▶ die Zuschauenden sind in einem zweiten Schritt „Bildhauer", die das Standbild durch Anweisung oder Berührung verändern;
- ▶ Schülerinnen und Schüler erproben weitere Szenen; stellen unterschiedliche Standbilder einander gegenüber; vergleichen ihre Kompositionen oder Positionen;

(b) – am Beispiel der Begriffe *Separation – Integration – Inklusion*:

- ▶ Schülerinnen und Schüler denken sich Situationen aus, die die genannten Begriffe veranschaulichen;
- ▶ visualisieren die Begriffe und stellen bzw. spielen sie anschließend nach bzw. wählen die umgekehrte Reihenfolge vom Standbild zur Visualisierung.

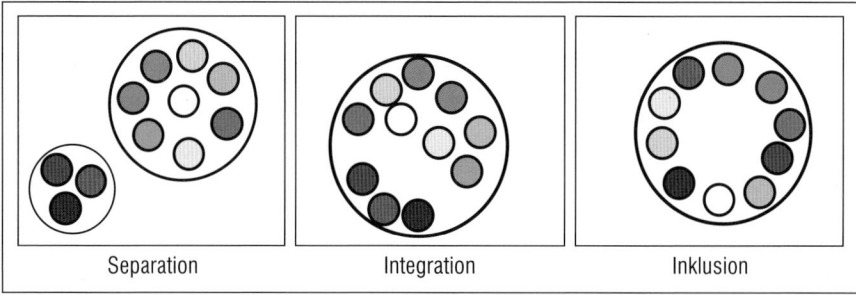

| Separation | Integration | Inklusion |

Abb. 21: Visualisierung der Begriffe *Separation– Integration – Inklusion*

## 4.7 Aufgabenkultur: doppelte Passung (II)

Aufgaben sind, um die im vorangegangenen Kapitel gewählte Formulierung noch einmal zu gebrauchen, der dritte der elementaren Erlebnis- oder Aggregatzustände von Unterricht: Schülerinnen und Schüler müssen fortwährend irgendetwas (er-)arbeiten, sie müssen Anweisungen befolgen und sich mit etwas beschäftigen, um damit im besten Falle Ergebnisse, Lernfortschritte oder Routinen zu erwerben. In diesem weiten Sinne reicht hier deshalb der Begriff von „Aufgaben" im einfachen Imperativ – „Lies den Text aufmerksam durch …", „Geben Sie Ihre Meinung wider." – „Finde mehrere Lösungen für …" – bis hin zur „komplexen Kompetenzaufgabe" (Hallet 2011, S. 153 ff.). Um diesen weiten Horizont besser strukturieren zu können, empfehlen sich zunächst zwei wesentliche Unterscheidungen (vgl. Kap. 4.7.1), um schließlich die Frage nach dem Finden und Konstruieren geeigneter Aufgaben (vgl. Kap. 4.7.2) sowie nach Wegen der Differenzierung von Aufgaben (vgl. Kap. 4.7.3) zu verfolgen. Wiederum wird der bereits eingeführte Begriff der „Doppelten Passung" eine zentrale Rolle spielen. Dass in der Überschrift statt von Aufgaben von einer regelrechten Aufgabenkultur die Rede ist, weist auf die Notwendigkeit bzw. die Zweckmäßigkeit einer gewissen Aufgabenroutine und eines souveränen Umgangs mit Aufgabentypen seitens der Lehrenden sowie der Lernenden im Sinne selbstgesteuerten Lernens hin.

## 4.7.1 Unterscheidungen

Wer sich mit Aufgaben und ihrer Funktion für die Lernaktivierung der Lernenden beschäftigt, stößt unweigerlich auf zwei klassische Unterscheidungen: zum einen die zwischen offenen und geschlossenen Aufgaben, zum anderen die Unterscheidung zwischen Lern- und Leistungsaufgaben. Beide Unterscheidungen haben miteinander zu tun, sind aber zunächst getrennt zu betrachten. Zur Betrachtung von Leistungsaufgaben gehört schließlich die Frage nach der Leistungsmessung (vgl. Kap. 4.7.5).

Die erste, geradezu klassische und in den letzten Sätzen bereits genannte Unterscheidung von Aufgabentypen im Unterricht ist die zwischen **Lern- und Leistungsaufgaben**. Für diese Unterscheidung gibt es eine ganze Reihe anschaulicher Begriffspaare, so etwa das der Lern*prozesse* (Lernaufgaben) gegenüber dem der Lern*ergebnisse* (Leistungsaufgaben) oder das der *Förderung* gegenüber dem der *Überprüfung* von Kompetenzen (vgl. Leisen 2006, S. 260–266). Auch die weiter oben erwähnte Unterscheidung zwischen summativer und formativer Leistungsbeschreibung fügt sich in diese Reihe von Begriffspaaren. Lernaufgaben führen deshalb in der Regel nicht unmittelbar zur Leistungsfeststellung, und dies hat mit einer zweiten, aber nicht deckungsgleichen Unterscheidung zu tun, und zwar der zwischen **geschlossenen und offenen Aufgabenstellungen**. Zwischen Lern- und Leistungsaufgabe scheint mir ein dritter Typus von Aufgaben bisweilen übersehen zu werden, den man mit Übungs-, Routine- oder Wiederholungsaufgaben bezeichnen könnte. Man könnte zunächst versucht sein, diesen dritten Typus eher in Mathematik etwa in Form der berühmten „Rechenpäckchen" und in den Fremdsprachen zu vermuten. Doch auch in anderen Fächern geht es um den Erwerb von Routinen, so beispielsweise im Umgang mit Texten oder bei der Anwendung von hermeneutischen Methoden. Die zweite bereits angedeutete Unterscheidung zwischen offenen und geschlossenen Aufgaben klingt zunächst plausibel, ist in der Unterrichtspraxis aber häufig schwer zu erkennen. Die Aufforderungen „Zeigen Sie die drei Hauptthesen der Autorin." – „Zeigen Sie Argumentationslinien des Textes" – „Zeigen Sie auf, wofür der Text am überzeugendsten argumentiert" unterscheiden sich nur um Nuancen. Im schlechtesten Falle werden Schülerinnen und Schüler alle drei Varianten als „geschlossen" empfinden, weil sie unterstellen oder erleben, dass ihre eigentliche Aufgabe darin besteht, der Lösungserwartung der Lehrkraft zu entsprechen bzw. diese zu erraten. Interessant und weiterführend wäre jedoch in allen drei Fällen die Rückfrage: Was zeigt sich durch die Bearbeitung der Aufgabe bzw. was können die Schülerinnen und Schüler, wenn sie dieser Aufgabenstellung folgen? Dabei wird bereits deutlich, dass es nicht automatisch die „geschlossenen" Aufgaben sind, die zu einer validen Leistungsfeststellung geeignet sind, und dies umso weniger der Fall sei, je offener die Aufgabenstellung ist. Vielmehr wird sich zeigen, dass die Lernenden bei allen Aufgabenstellungen etwas können oder über Kompetenzen verfügen müssen. Entscheidend ist die Frage, was sie für die Bearbeitung einer Aufgabe können müssen und welche Kompetenz sie dabei zeigen können.

## 4.7.2 Finden und konstruieren von Aufgaben: Kompetenzen, Operatoren und Anforderungssituationen

Bildungsstandards sind normative Bemühungsversprechen in Form von Kompetenzbeschreibungen. Kompetenzen sind an die Person gebundene Kenntnisse, Fähigkeiten, Fertigkeiten und Bereitschaften, die im besten Falle den Standards entsprechen. Aber auch wer an die Standards noch nicht heranreicht, verfügt über Kompetenzen. Damit Lernende neue Kompetenzen erwerben bzw. ihre vorhandenen entwickeln, einüben und vertiefen können, bearbeiten sie Lernaufgaben; um ihren Kompetenzerwerb unter Beweis zu stellen, bearbeiten sie Leistungs- oder Prüfungsaufgaben. Damit die Lernenden das, was sie lernen, üben oder zeigen können, auch wirklich tun können, brauchen sie Aufforderungen mit handlungsleitenden Verben oder eben Operatoren. Etwas formalistisch ausgedrückt könnten Aufgaben schon allein dadurch entstehen, dass Standards in die Form einer Aufforderung überführt werden.

Aus dem Standard „Schülerinnen und Schüler können die natürlichen Sphären des Systems Erde (z. B. Atmosphäre, Pedosphäre, Lithosphäre) nennen und einzelne Wechselwirkungen darstellen" (Deutsche Gesellschaft für Geografie 2007, S. 14), würde die Aufgabe: „Nenne die natürlichen Sphären des Systems Erde (z. B. Atmosphäre, Pedosphäre, Lithosphäre) und stelle einzelne Wechselwirkungen dar", also zweifellos eine Leistungs- oder Prüfungsaufgabe. Mithilfe des Zwischenschritts der „Kompetenzexegese" ließe sich der Erwartungshorizont spezifizieren und differenzieren: „veranschauliche mithilfe einer Grafik ...", oder „erläutere an Beispielen ...". Eine ganz andere Frage wäre, mithilfe welcher Lernaufgabe die Schülerinnen und Schüler die hier geforderte(-n) Kompetenz(-en) erwerben und wie der abstrakte Formalismus dieses Aufgabenverfahrens überwunden werden kann. Festzuhalten bleibt aber ein wesentlicher Zusammenhang zwischen den Operatoren der Kompetenzformulierungen sowie den Operatoren einer Aufgabenstellung. Gelingt es, den Bedeutungsgehalt von Operatoren zu kommunizieren, dann wissen Schülerinnen und Schüler, welche Leistung von ihnen erwartet wird. Zugleich ist dieses Verfahren, einen Standard probeweise in eine wortidentische Aufgabe oder Aufforderung zu überführen, ein wichtiger Indikator für die Sinnhaftigkeit und Operationalisierbarkeit von Kompetenzformulierungen. Es bleibt das Problem, dass Aufgaben, die auf diese formale Weise entstanden sind, gewissermaßen im luftleeren Raum schweben. Auf dieses Problem hat früh Eckhard Klieme aufmerksam gemacht, indem er darauf hinweist, dass „Kompetenz ... nur leistungsbezogen erfasst und gemessen wird ... Kompetenz ist nach diesem Verständnis eine Disposition, die Personen befähigt, bestimmte Arten von Problemen erfolgreich zu lösen, also konkrete Anforderungssituationen eines bestimmten Typs zu bewältigen" (Klieme et al. 2003, S. 72 ff.). Die Religionspädagogen Gabriele Obst und Hartmut Lenhard haben sich den Begriff der „Anfforderungssituation" zu eigen gemacht und daraus Schritte zur Generierung kompetenzorientierter Aufgaben abgeleitet. Diese Schritte bestehen darin, (1.) eine Situation zu identifizieren, die eine Herausforderung für Schülerinnen und Schüler darstellt (Anforderungssituation); (2.) die Bedeutung dieser Situation für die Lebens- und Lerngeschichte der Lernenden zu klären, (3.) die (Vor-)Erfahrungen und -kenntnisse der Schülerinnen und Schüler zu benennen, (4.) die für die Problemlösung erforderlichen Kompetenzen zu beschreiben, (5.) dafür geeignete Lehr- und Lernprozesse zu bestimmen und schließlich (6.) Indikatoren für den Erweis von Kompetenz zu benennen (Obst 2008, S. 137 f.). Kritisch ist anzumerken, dass solche Anforderungssituationen „glücken" müssen und bisweilen außerordentlich konstruiert und künstlich wirken. Jedoch sind sie ohne Zweifel – real oder fiktiv – „kontextualisiert" und es obliegt der Aufgabenstellung, ob der „Kompetenzgehalt" der Anforderungssituation aufgedeckt wird („Löse das Problem ... und gehe folgendermaßen vor ...") oder ob die Identifikation des Problems Teil der Aufgabe ist („Worin besteht das Problem? Entwirf einen Lösungsweg.").

Dieses sehr komplexe Konstrukt mit seinen sechs Schritten lässt sich für alltägliche Unterrichtspraxis auf folgende elementare Schritte reduzieren:

▶ für die Lernaktivität und die Kompetenzentwicklung förderliche Aufgaben bedürfen der Zielklarheit („Welches Können ist hier erforderlich?" – „Welches Können soll bzw. kann ich hier zeigen?"); das ist die erste Passung von Aufgaben. Die Bewusstheit von Operatoren kann hier eine Hilfe für die Lernenden sowie eine Sensibilisierung für die Lehrenden sein. Man muss sich bewusstmachen, dass eine Vielzahl von alltäglichen Aufgaben und Aufforderungen mit alltagssprachlichen oder sogar ganz ohne Operatoren auskommt – „Sage einfach, was du siehst ..." – „Wie findest du das persönlich?" – „Was könnte den ... so erbost haben?". Das Wissen, dass diese Beispiele übersetzt bedeuten: „Beschreibe/benenne/skizziere ..." bzw. „Beziehe Stellung ... (aus der Sicht von ...)", könnte eine Lehr-Lern-Kultur erheblich befördern.

▶ Die Kontextualisierung einer Kompetenzanforderung sowohl im Blick auf die Lernvoraussetzungen der Schülerinnen und Schüler (Schritte 3 und 4), als auch auf das inhaltliche Problem (Schritt 1) umschreibt nichts anderes als die zweite Passung einer Aufgabe.

▶ Durch die Hinzunahme von Schritt 6 (s. o.) erfolgt die Verschränkung von Lernaufgabe(-n) und Leistungsaufgabe(-n). Dieser Aspekt weist über die Differenzierung von Aufgaben (vgl. Kap. 4.7.3) und den besonderen Aufgabentypus der „Fermi-Aufgaben" (vgl. Kap. 4.7.4) bereits hinaus und wird im dritten und letzten Kapitel über kompetenzorientierten, differenzierenden Unterricht im Alltag (vgl. Kap. 5) bedacht.

### 4.7.3 Aufgaben differenzieren: eine Übung und eine Übersicht

Aufgaben oder Anforderungen können immer schwierig oder leicht sein. Entscheidende Bedeutung kommt der Fähigkeit einer Lehrkraft zu, eine Aufgabe als leicht oder schwierig zu identifizieren oder zu konzipieren – und nicht zuletzt: eine Aufgabe schwieriger oder leichter *zu machen*. Wie schwierig eine Aufgabe ist, muss die Lehrkraft bei der Wahl oder der Konstruktion von Aufgaben entscheiden; dazu kann der Schritt „Kompetenzexegese" bzw. die Arbeit mit einem Kompetenzstufenmodell helfen. Eine Aufgabe schwieriger, leichter, vielfältiger oder komplexer *zu machen*, beschreibt die Fähigkeit zur Differenzierung von Aufgaben. Dazu dient folgende Übung (vgl. Abb. 22).

Abb. 22: Übung zur Differenzierung von Aufgaben (Plauen 1993)

Im Unterricht der Klasse 5/6 geht es um kurze Geschichten mit einer Pointe. Geschichten kann man mit Worten, aber auch mit Bildern erzählen. Die Unterrichtsstunde beginnt mit der Ankündigung einer unbekannten Geschichte („Vater und Sohn"); heutige Kinder werden, nebenbei bemerkt, unter Umständen die ältere

Person in der Bildergeschichte eher als Großvater und weniger als Vater identifizieren, und auch dies kann sich u. U. auf die „Passung" der Aufgabe auswirken. Die Schülerinnen und Schüler sollen sich diese Geschichte erschließen. Dazu möge die Lehrkraft drei unterschiedliche Aufgaben(-typen) formulieren:

Aufgabe 1 (Grund-Niveau: für alle Schülerinnen und Schüler erreichbar)


Aufgabe 2 (Mittleres Niveau: für die meisten Schülerinnen und Schüler erreichbar)


Aufgabe 3 (Erweitertes Niveau: für die stärksten Schülerinnen und Schüler erreichbar)

Die Erfahrung mit dieser Übung zeigt in allen bisherigen Versuchen:

1. Der erste Aufgabentyp ist zumeist eine Sortieraufgabe. Dazu ist Folgendes anzumerken:

▶ In der klassischen Fassung („Bringe die Bilder in die *richtige* Reihenfolge") ist die problematische Vokabel „richtig" enthalten; es handelt sich um eine geschlossene Aufgabe, die die Zwangsläufigkeit einer einzigen akzeptierten Lösung bereits in der Aufgabenstellung transportiert. Offener wäre die Fragestellung, wenn sie etwa lautete: „Sortiere die Bilder so, dass du mir eine (deine, diese) Geschichte erzählen kannst."

▶ Deutlich geringer wäre die Anforderung, einzelne Bilder zu betrachten und zu beschreiben und je eines davor und eines danach zu finden.

▶ Deutlich höher wäre die Anforderung ohne die Ziffern in der linken oberen Ecke der Bilder.

2. Es folgen in der Regel unterschiedliche Rekonstruktionsaufgaben: Formuliere zu jedem Bild einen Satz; gib der Geschichte eine Überschrift; schreibe die Geschichte auf; erzähle die Geschichte einer Partnerin/einem Partner; vergleicht eure Geschichten ... Schon bei diesem Aufgabentyp stellt sich die Frage nach der folgerichtigen Anordnung der Aufgaben: Was ist einfach, was ist schwieriger?

3. Die Problemlösungs-, Gestaltungs- und Transferaufgaben werfen vollends die Frage auf: Gelingt es unmissverständlich, die Aufgaben von 1 nach 3 immer „schwieriger" werden zu lassen? Wie verhalten sich dazu die Aufgaben, die Geschichte grafisch auszugestalten, Bilder zu ergänzen, mithilfe von Sprechblasen Dialoge bis hin zur Comic-Geschichte zu erstellen, die Geschichte jeweils aus der Perspektive des Kindes und der des älteren Herrn zu erzählen, einen anderen Ausgang der Geschichte zu erfinden usw.?

Es stellt sich bei allen differenzierenden Aufgaben die Frage: Wie kommen die (richtigen) Aufgaben an die (richtigen) Schülerinnen und Schüler und wie gelingt Differenzierung ohne Diskriminierung? Dafür gibt es vier probate Lösungen:

▶ Die Schwierigkeitsgrade der Aufgaben werden durch verabredete Kürzel (Ziffern, Buchstaben, Niveaus, Sternchen o. Ä.) gekennzeichnet, die Schülerinnen und Schüler wählen Aufgaben entsprechend ihrer Selbsteinschätzung – freilich mit dem Risiko, dass die Selbsteinschätzung unzutreffend ist bzw. wenig motivierte oder verzagte Schülerinnen und Schüler stets die „einfachsten" Aufgaben wählen.

▶ Die persönliche Zuteilung von Aufgaben an bestimmte Kinder – mit der möglichen Konsequenz, dass Schülerinnen und Schüler falsch eingestuft demotiviert, enttäuscht, und zurückgesetzt oder aber überfordert werden.

▶ Nicht die Lehrkraft, sondern die Schülerinnen und Schüler wählen ihre Aufgabe(-n). Alle Aufgaben gelten als gleichwertig und können in unterschiedlicher Reihenfolge gelöst werden. Schwierigkeitsgrade ergeben sich durch die individuellen Erfolgserlebnisse.

▶ Alle Schülerinnen und Schüler arbeiten von der ersten Aufgabe an – und werden unterschiedlich weit kommen.

Die Frage der Präsentation und Würdigung von Ergebnissen lässt sich umso leichter beantworten, je unterschiedlicher die Arbeitsprozesse innerhalb einer Lerngruppe sind. Unerträglich für alle Beteiligten ist die Präsentation von 31 ähnlichen Ergebnissen hintereinander. Sehr viel produktiver und inspirierender ist die Präsentation als Gesamtkunstwerk vielfältiger Ergebnisse aus unterschiedlichsten Prozessen. Dies aber erfordert unterschiedliche Lernarrangements (vgl. Kap. 5.1).

Zusammenfassend lassen sich **fünf Formen der Differenzierung** von Aufgaben unterscheiden:

▶ **Quantitativ: mehr vom Gleichen**

Die Situation, dass Schülerinnen und Schüler für Aufgaben unterschiedlich viel Zeit benötigen, ist zumeist vorher absehbar. Die Frage an die Lehrkraft lautet:

Gibt es weitere solcher (Bilder-)Geschichten? Sind genug Sprechblasen vorhanden, mit deren Hilfe eine Person spricht, ein Dialog oder zuletzt ein Comic entstehen kann? – Hat der Text eine Langform, eine Fortsetzung, gibt es noch Übungsaufgaben (Mathematik, Vokabeltraining, Landkarten ...)?

▶ **Qualitativ (1): Operatoren**

Die Anweisungen: „Beschreibe die Bilder" – „Ergänze die Bilder" – „Sortiere die Bilder" – „Vergleiche die Bilder" ... unterscheiden sich nur durch eine Vokabel, eben den Operator. Doch jeweils entsteht eine neue Aufgabe mit unterschiedlichen Erwartungshorizonten. Dasselbe gilt für die Aufgabe, einen Argumentationsgang zusammenzufassen, zu analysieren oder zu überprüfen. Je klarer der Bedeutungsgehalt der jeweiligen Operatoren zu unterscheiden ist, desto hilfreicher wird dieser Weg für die Differenzierung sein. Da und dort anzutreffende „Niveauunterschiede" zwischen „begründe", „erläutere" und „entfalte" können dies nicht leisten.

▶ **Qualitativ (2): Vernetzung und Durchdringungstiefe**

Wer unbedacht oder aus Verlegenheit Anschlussaufgaben generiert, kann zu zwei Fehlgriffen neigen: zum einen kann die „Anschlussaufgabe" ein Rückschritt sein („Wer die Geschichte aufgeschrieben hat, darf die Bilder anmalen.") – oder die Anschlussaufgabe ist in Wirklichkeit ein Vorgriff auf die nächste Sequenz, wodurch der bereits bestehende Abstand innerhalb der Lerngruppe zusätzlich vergrößert wird. Um diesen Gefahren gegenzusteuern, wird hier der Begriff der *Durchdringungstiefe* gewählt. Es geht dabei darum, Anschlussaufgaben anspruchsvoller und respektvoll zu formulieren, also in die Tiefe, und nicht in die Ferne oder zurück: „Vergleiche die Geschichte mit ..." – „Überlege dir einen anderen Ausgang ..." – „Beziehe die Geschichte auf eigene Erfahrungen mit Missverständnissen (Streit, Enttäuschung, Versöhnung...)".

▶ **Abstraktion und Anschaulichkeit**

Eine Geschichte nachzuspielen oder kreativ zu gestalten und zu deuten, ist nicht automatisch „leichter", als sie aufzuschreiben, sie nachzuerzählen oder zusammenzufassen, aber es ist eine andere Zugangsform. In einer Geschichte ein Dilemma, einen Konflikt, eine Grunderfahrung oder eine stereotype Verhaltensweise zu erkennen, ist zweifellos abstrakter, als diesen Konflikt, dieses Dilemma oder die Gefühle der beteiligten Personen in Worte zu fassen. Umgekehrt können Veranschaulichungen, Konkretionen oder Schilderungen von Beispielsituationen die Forderung nach Abstraktion verringern helfen.

▶ **Unterstützungshilfen**

Bereits im Zusammenhang der Sortieraufgaben taucht die Alternative auf, die Bildergeschichte mit und ohne Ziffern bearbeiten zu lassen.

Bei anderen Anforderungen können Satzanfänge, zentrale Stichwörter, Lösungsvorschläge und Beispiele, aber auch Partnerarbeit, Lerntandems oder andere Formen des kooperativen Lernens zur Unterstützung eingesetzt werden.

## 4.7.4 Fermi-Aufgaben

Der italienische Atomphysiker Enrico Fermi (1901–1954, Nobelpreis für Physik 1938) wurde nicht zuletzt berühmt durch seine hohe Begabung, quantitative Probleme auch auf der Grundlage nur geringer Informationen intuitiv relativ genau abzuschätzen.

Bekannt geworden sind insbesondere sein Versuch, mithilfe eines umgekehrten Staubsaugers und einer Menge Konfetti die Streubreite einer Atombombe abzuschätzen sowie seine Frage, wie viele Klavierstimmer eine 3-Millionen-

Stadt wie Chicago benötige.[8] Aus dieser Kombination von geringer Determinierung und großer Lösungsvarianz bei begrenzter Wahrscheinlichkeit entstanden in den letzten Jahren auch für den schulischen Unterricht reizvolle sogenannte „Fermi-Aufgaben". Eine der bekannteren ist die sogenannte Stau-Aufgabe:

Ⓑ

Auf einem 1 km langen Autobahnabschnitt hat sich ein Stau gebildet. Wie viele Menschen befinden sich in diesem Stau?
Die erste Reaktion von Schülerinnen und Schülern könnte darin bestehen, dass sie eine Präzisierung oder Vervollständigung der Aufgabe einfordern: Die Aufgabe wirkt irritierend unfertig. Andere Schülerinnen und Schüler könnten nachfragen: Ist die Autobahn denn zwei- oder dreispurig? Ist der Stau durch einen Unfall (quer zur Fahrbahn) oder durch eine Baustelle (längs der Fahrbahn) verursacht? Wie lang sind eigentlich Reisebusse? Kann man die Aufgabe auch mit einer Zeichnung lösen?

Schnell wird deutlich: Die Aufgabenstellung dieser Fermi-Aufgabe ist hinreichend, aber sie vervollständigt und konkretisiert sich erst, indem man sie in Angriff nimmt. Natürlich kann man die Aufgabe mithilfe einer Zeichnung bearbeiten, aber dann ist eine maßstabsgerechte Zeichnung erforderlich (wie lang sind in diesem Falle Reisebusse?). Wer Familien für die typische Besatzung von Pkws annimmt, wird womöglich andere Werte ermitteln als derjenige, der am Straßenrand Stichproben vornimmt. Kurzum: Die Aufgabe ist lösbar, aber man darf auf die Lösungswege gespannt sein. Zudem ist die Aufgabenstellung außerordentlich realitätsnah. In keinem Geschäft sind Schilder mit Additions- und Subtraktionsaufgaben angebracht, sondern das mathematische Modellieren beginnt beim Blick in die Geldbörse und dem Griff ins Regal. Und die Lösungsvarianz ist begründungsbedürftig. Das heißt, die Aufgabe impliziert Selbstorganisation, Plausibilitätskontrolle und Metakognition.

Solche Fermi-Aufgaben sind Lernaufgaben im besten Sinne. Für eine summative Leistungsbeschreibung werden sie kaum eine Grundlage bilden, wohl aber

---

[8] Annahmen: Ungefähr 3 Millionen Leute leben (aktuell) in Chicago.
Ungefähr zwei Personen leben durchschnittlich in einem Haushalt.
Ungefähr in jedem zwanzigsten Haushalt gibt es ein Klavier, das regelmäßig gestimmt wird.
Klaviere werden ungefähr einmal pro Jahr gestimmt.
Es dauert etwa zwei Stunden, ein Klavier zu stimmen, inklusive Fahrzeit.
Ein Klavierstimmer hat einen 8-Stunden-Tag, eine 5-Tage-Woche und arbeitet 40 Wochen pro Jahr.
Daraus ergibt sich die Zahl der pro Jahr zu stimmenden Klaviere in Chicago:
(3.000.000 Einwohner) / (2 Personen pro Haushalt) × (1 Klavier/20 Haushalte) × (1 Mal Stimmen pro Klavier und Jahr) = 75.000 Mal muss in Chicago pro Jahr ein Klavier gestimmt werden.
Ein Klavierstimmer kann folgende Arbeit bewältigen:
(40 Wochen pro Jahr) × (5 Tage pro Woche) × (8 Stunden pro Tag) / (2 Stunden pro Klavier) = 800 Klaviere kann ein Klavierstimmer pro Jahr stimmen.
Demnach müsste es etwa 100 Klavierstimmer in Chicago geben.
(Nach: https://de.wikipedia.org/wiki/Fermi-Problem, Zugriff am 31. August 2015.)

für eine formative Leistungsbeschreibung. Die Ausweitung von Fermi-Aufgaben über den mathematisch-quantitativen Bereich hinaus auch auf gesellschaftswissenschaftliche Fragestellungen ist ein spannendes Experiment. Frage- und Aufgabenstellungen könnten sein:

▶ „Eine Gefängniszelle misst 11 m$^2$".
▶ „Wer einen Ausbildungsvertrag anstrebt, der …"
▶ „Es ist (k)ein Wunder, wenn …"
▶ „Was kann man eigentlich, wenn man Englisch (Religion, Geografie …) kann?"

Der besondere Reiz solcher offenen Fermi-Aufgaben mit irritierend wenigen Anhaltspunkten und einer Aufgabestellung ohne Operator ist im Grunde der eines stillen Impulses oder auch einer Anforderungssituation in konzentrierter Form. Indem, wie soeben formuliert, die Aufgabe erst eigentlich entsteht, indem Lernende sich ihr zuwenden, lassen sich an diesen Aufgaben zum einen die drei klassischen Schritte oder Ebenen der konstruktivistischen Didaktik entdecken – Konstruktion, Rekonstruktion und Dekonstruktion, didaktisch gewendet: Erfinden, Entdecken, Enttarnen; methodisch gewendet: Begründen, Verallgemeinern, Zweifeln (vgl. Reich 2002, S. 144–147). Worin könnte der Aufforderungscharakter bestehen? In welchem Kontext stellt sich diese Frage und wie wollen wir darangehen, sie zu beantworten? Welche Koeffizienten – Mehrspurigkeit der Autobahn, Verteilung der Fahrzeuge und der Insassen usw. – wollen wir annehmen? Wie groß sind die Fehlerquelle bzw. die Wahrscheinlichkeit unseres Ergebnisses und wie ändert sich das Ergebnis, wenn sich die Annahmen ändern? Zum anderen rufen solche Aufgaben – das Subjekt „Wir" in den soeben genannten Fragen sollte darauf hinweisen – förmlich nach kooperativen Lernformen. Mit der Frage nach Lernorganisation und Lernarrangements beginnt deshalb das fünfte und letzte Kapitel.

Zum Abschluss dieses Unterkapitels zum Thema „Fermi-Aufgaben"sei ein schönes Beispiel für ein vollkommen ergebnisoffenes „Philosophieren mit Erwachsenen" mithilfe einer Fermi-Aufgabe aus Michael Köhlmeiers Roman *Die Abenteuer des Joel Spazierer* zitiert:

> Bei meiner ersten Vorlesung – es waren ungefähr fünfzig Studenten gekommen – saß ich vorne auf dem Podium, gekleidet wie ein französischer Existentialist, nach „Babbale"-Rasierwasser duftend, blickte ins Auditorium und ließ die Zuhörer warten. Es wurde ruhig, blieb lange ruhig, wurde unruhig und wieder ruhig, unruhig und wieder ruhig und endlich still wie unter der Erde.
> Ich fragte: „Wer glaubt an den Gott?"
> Niemand.
> Ich fragte: „Wer glaubt nicht an den Gott?"
> Niemand.
> Ich fragte: „Was ist so ungewöhnlich an diesen beiden Fragen, dass keiner antworten will?"
> Ein Student zeigte auf, blickte sich erst grinsend um und sagte: „Der Artikel, Herr Professor."

Eine Studentin präzisierte: „Warum sagen Sie *der* Gott?"

„Anstatt wie?", fragte ich.

„Anstatt einfach Gott."

„Was ist der Unterschied?" fragte ich.

„Der Gott könnte meinen, es gibt noch einen anderen."

„Im Gegenteil", widersprach ein dritter. „Der bestimmte Artikel behauptet ja gerade, dass es nur einen gibt. Sonst müsste man sagen: *ein* Gott."

Ein vierter behauptete: „Von einem artikellosen Gott kann nur ein gottgläubiger Mensch sprechen."

Dazu ein fünfter: „Das hieße, Gott, mit dem bestimmten Artikel davor, wird von einem Atheisten verwendet, der nur einen Gott meint?"

Ein sechster kommentierte lästernd: „Also von einem monotheistischen Atheisten."

So ging es weiter. Anfänglich mischte ich mich noch ein, indem ich manchmal eine Frage stellte. Bald war mein Beitrag nicht mehr nötig. Die Diskussion lief von selber ab. Zu einem Gegenstand, über den niemand etwas weiß, hat jeder etwas beizutragen. …

Als die zwei Stunden vorüber waren, ließ ich zwei Arbeitsgruppen zu je vier Studenten bilden, die bis zur nächsten Veranstaltung je ein Referat vorbereiten sollten zu diesen Themen: Gott mit bestimmtem Artikel, Gott mit unbestimmtem Artikel, Gott ohne Artikel. … Mein Motto lautete: *Jede Frage, die gezeugt und geboren wird, um einer positiven Antwort zu dienen, ist erlaubt, und nur solche Fragen.*

(Köhlmeier 2013, S. 597 ff.)

### 4.7.5 Aufgaben und Leistungsmessung

Eine besondere Funktion von Aufgaben, und zwar eines bestimmten Typus, ist die Erfassung von Lernleistungen. Auf die Unterscheidung zwischen formativer und summativer Leistungsbeschreibung wurde bereits hingewiesen. Hier nun geht es noch einmal im Besonderen um die Frage, wie eine Leistungsmessung aussehen kann, bei der nicht alle Lernenden zum gleichen Zeitpunkt über denselben Kamm geschert, sondern individuelle Lernentwicklungen berücksichtigt werden.

Sieht man hier einmal ab von individuellen Produkten wie Projektarbeiten, Referaten und Präsentationen aller Art, die je nach schulrechtlichen Bedingungen mehr oder weniger an die Stelle von zentralen, für alle gültige Tests, Klassenarbeiten, Klausuren usw. treten dürfen, so eröffnen sich für die summative Leistungsfeststellung im Grunde genau drei Wege (zum Folgenden vgl. Ziener, Leistungsmessung).

▶ Im ersten Falle findet die Leistungsmessung selbst auf unterschiedlichen Anforderungsniveaus statt, sodass unterschiedlich leistungsfähige Schülerinnen und Schüler unterschiedliche Arbeiten schreiben, aber auf ihrem jeweiligen Niveau alle Zensuren von ungenügend bis hin zur Bestnote erzielen können.

▶ Im zweiten Falle absolvieren alle Schülerinnen und Schüler zum selben Zeitpunkt oder zu unterschiedlichen Zeitpunkten denselben Test. Für ihre erbrachten Leistungen werden sie anschließend nach identischen Maßstäben bewertet, das heißt, man hat den Test entweder „gut" oder „schlecht" bestanden.

▶ Oder aber, und das wäre der dritte Weg: Alle Schülerinnen und Schüler bearbeiten wie in Variante II zum selben Zeitpunkt oder zu unterschiedlichen Zeitpunkten denselben Test, aber die Leistungsfeststellung erfolgt auf unterschiedlichen Niveaus, je nach dem (vorher oder im Moment der Bearbeitung entschiedenen) Leistungsvermögen der betreffenden Schülerinnen und

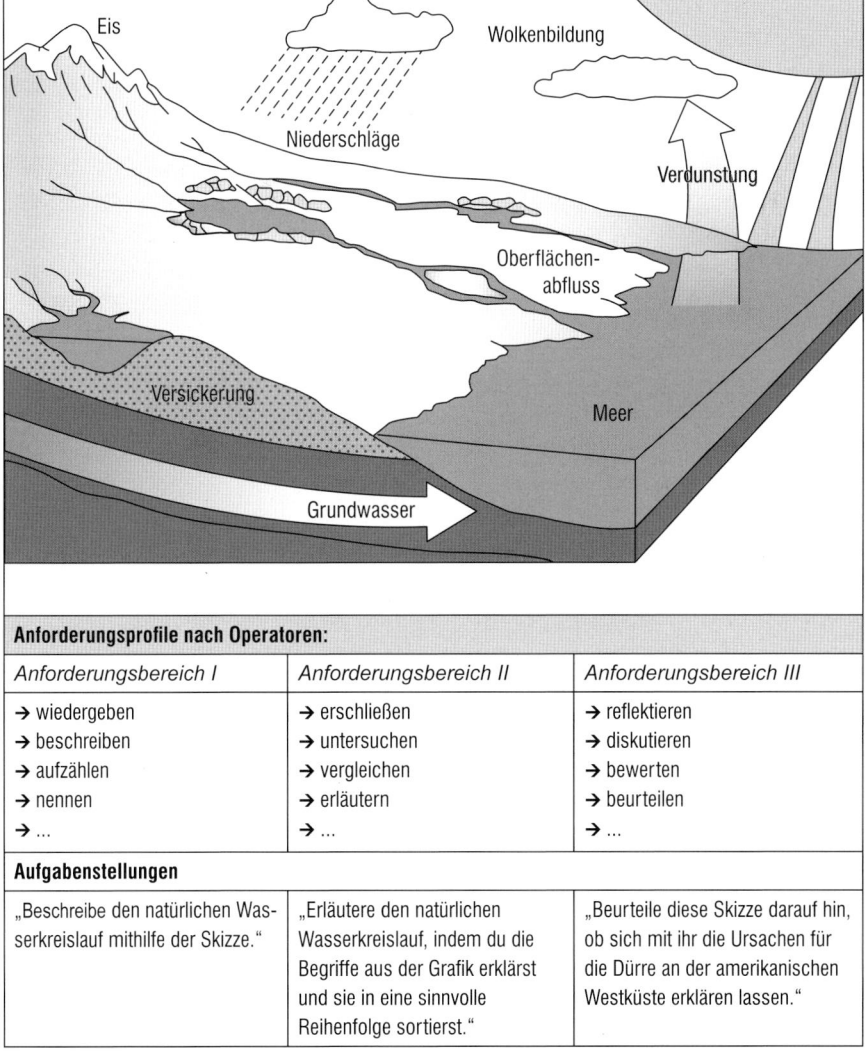

**Anforderungsprofile nach Operatoren:**

| Anforderungsbereich I | Anforderungsbereich II | Anforderungsbereich III |
|---|---|---|
| → wiedergeben<br>→ beschreiben<br>→ aufzählen<br>→ nennen<br>→ ... | → erschließen<br>→ untersuchen<br>→ vergleichen<br>→ erläutern<br>→ ... | → reflektieren<br>→ diskutieren<br>→ bewerten<br>→ beurteilen<br>→ ... |
| **Aufgabenstellungen** | | |
| „Beschreibe den natürlichen Wasserkreislauf mithilfe der Skizze." | „Erläutere den natürlichen Wasserkreislauf, indem du die Begriffe aus der Grafik erklärst und sie in eine sinnvolle Reihenfolge sortierst." | „Beurteile diese Skizze darauf hin, ob sich mit ihr die Ursachen für die Dürre an der amerikanischen Westküste erklären lassen." |

Abb. 23: Niveaudifferenzierende Leistungsaufgaben

Schüler. Jeder und jede kann aber, wie bei der ersten Variante, auf dem je eigenen Niveau „gut" oder „schlecht" abschneiden. Das Beispiel in Abb. 23 (S. 103) soll diese drei Varianten verdeutlichen.

Abgesehen von der Frage der fachlichen Richtigkeit und Angemessenheit der Aufgabenstellungen, die hier nicht im Vordergrund stehen soll, wirft diese aufsteigende Reihung von Aufgaben natürlich Fragen nach dem zurückliegenden Unterricht auf: Haben sich alle Schülerinnen und Schüler im Verlauf des Unterrichts mit denselben Fragen beschäftigt, oder waren es nur die leistungsstärkeren, die sich mit der Problematik der Grundwasserabsenkung in Kalifornien auseinandersetzen konnten? Die Antwort auf diese Frage hat Auswirkungen auf die Wahl zwischen den beschriebenen Varianten (vgl. auch Infokasten S. 105). Erkennbar ist jedenfalls die Absicht, auf dem ersten Niveau die Fähigkeit zu überprüfen, eine schematische Grafik zu lesen, auf dem zweiten Niveau, Fachbegriffe und Zusammenhänge zu erläutern sowie auf dem dritten Niveau, die Tauglichkeit einer schematischen Grafik für einen bestimmten Problemzusammenhang zu beurteilen.

An dieser Stelle erfolgt keine Bewertung der unterschiedlichen Varianten, denn alle sind im Gebrauch, haben je eigene Vorzüge und werfen eigene Fragen auf. Es geht, wie bei jeder Leistungsmessung, um die Entscheidung zwischen einer individuellen, einer kategorialen und einer sozialen Bezugsnorm, wobei die dargestellten Varianten den Eindruck erwecken, es gebe nur die ersten beiden Normen: Variante 2 entscheidet sich deutlich für die kategoriale Norm – alle werden gleich und „objektiv" bewertet –, die Varianten 1 und 3 versuchen, individuellen Leistungsentwicklungen gerecht zu werden. Dabei wird allzu leicht vergessen, dass auch „objektive" Normen nicht vom Himmel fallen und niemand frei ist von der Neigung zum sozialen Vergleich: „Das kann man aber als Viertklässler, das hätten meine Neuner im letzten Jahr spielend hinbekommen, die meisten anderen in der Klasse können aber ..."

Anders und präziser ausgedrückt geht es um die Frage, ob Zensuren jemals objektiv, reliabel und valide sind. Zur Erinnerung: „Objektivität" meint, dass das Messergebnis unabhängig ist von der bewertenden Person. „Reliabilität" heißt: beliebig oft und mit demselben Ergebnis wiederholbar. „Validität" bedeutet, dass auch wirklich das gemessen wird, was zu messen behauptet wird, also zum Beispiel der Lernfortschritt (und nicht in Wirklichkeit die Lesefähigkeit von Aufgaben, das Lerntempo oder die Konzentrationsfähigkeit) oder das Verständnis (und nicht etwa nur die Reproduktion von Lernstoffen) oder schließlich die Reflexionsfähigkeit (und nicht etwa nur die Wiedergabe von Stereotypen sozialer Erwünschtheit). Die Antwort auf alle diese kritischen Anfragen fällt im Blick auf schulische Zensuren erschütternd negativ aus, und allen Kriterien fehlt das eigentliche, das pädagogische Kriterium: Spiegeln Zensuren Erfolge, motivieren sie Bemühungen, machen sie „Lust am Lernen"?

Die in diesem Buch verfolgte Spur ist deshalb eine andere. In allen vorangegangenen Ausführungen sollte deutlich geworden sein, dass Lehren und Ler-

**Leistungsmessung**

▶ Variante 1: Die Schülerinnen und Schüler bearbeiten, je nach der ihnen zugetrauten oder zugeschriebenen (attestierten) Leistungsfähigkeit entweder die Aufgabe 1, 2 oder 3. Jede Schülerin und jeder Schüler erhält, je nach Qualität der Bearbeitung, auf dem jeweiligen Niveau eine Zensur zwischen „sehr gut" und „ungenügend". Bei der Zensur wird das jeweilige Niveau vermerkt, dasselbe gilt am Ende für das Zeugnis: Es gibt identische Noten auf drei Stufen, die Zensur „sehr gut" auf Stufe 3 entspricht in etwa der Zensur „befriedigend" auf Stufe 1.

▶ Variante 2: Alle Schülerinnen und Schüler bearbeiten Aufgabe 3. Einige werden die Grafik beurteilen können und dafür gut zensiert. Andere werden die Begriffe erläutern, aber ein unzutreffendes oder gar kein Urteil fällen können, und dafür durchschnittlich bewertet. Wieder andere werden mithilfe der Grafik den Wasserkreislauf beschreiben und dafür eine schwächere Zensur erhalten. Das ist sozusagen die klassische Variante: Schülerinnen und Schüler schneiden eben unterschiedlich gut ab. Die Zensuren im Zeugnis erfordern keine Kennzeichnung nach Niveaus.

▶ Variante 3: Alle Schülerinnen und Schüler bearbeiten Aufgaben 1 – 3. Einige werden die Grafik beurteilen können, andere werden die Begriffe erläutern, aber ein unzutreffendes oder gar kein Urteil fällen können, und wieder andere werden mithilfe der Grafik den Wasserkreislauf beschreiben. Je nachdem, ob die betreffenden Schülerinnen und Schüler vorher als „stark", „durchschnittlich" oder „schwächer" eingestuft wurden, werden ihre Leistungen entsprechend zensiert: Ein „schwacher" Schüler, der Aufgabe 2 gut meistert, erhält eine sehr gute Zensur; eine „starke" Schülerin, die nur die Grafik erläutern, sie aber nicht beurteilen kann, erhält für dieselbe Leistung eine mittelmäßige Zensur.

▶ Eine Unter-Variante besteht darin, dass alle Schülerinnen und Schüler mit allen drei Aufgaben konfrontiert werden. Die Bearbeitung der Aufgabe 1 gilt als Leistung von 40 %; die von Aufgabe 2 wird mit 70 % angesetzt und die von Aufgabe 3 mit 100 %. Das heißt im Umkehrschluss: Wer die Aufgabe 3 nur „halb richtig" löst, hat damit dieselbe Leistungsfähigkeit von 40 % gezeigt wie jemand, der Aufgabe 1 „ganz richtig" löst. Die Zensuren werden anschließend nicht in Notenwerten, sondern in Prozentwerten angegeben. Im Zeugnis wird beispielsweise bei Schülerinnen und Schülern, die sich bei 50 % einpendeln, eine sehr gute Zensur auf Stufe 3, eine befriedigende Zensur auf Stufe 2 oder eine mittelmäßige Zensur auf Stufe 1 ausgewiesen.

nen zwar verobjektivierbar, aber nicht objektiv ist. Es ist vielmehr ein intersubjektives und interpersonales Geschehen. Es ist ein Ereignis, in dem Personen mit ihren Möglichkeiten konfrontiert werden und dazu befähigt und ermutigt werden, möglichst viel Wissen zu ergreifen. Das Maß dessen, was ein Mensch dazulernt und schließlich kann, kann ebenfalls nur interpersonal bestimmt und validiert werden. Für die Bestimmung dessen, was ein Mensch dazugelernt hat und schließlich kann, greife ich abermals Thorsten Bohls (2004, S. 76) schönen

Begriff der „kommunikativen Validierung" auf: Leistungsmessung und -bewertung müssen für Schülerinnen und Schüler *transparent* sein. Davor müssen Lehrerinnen und Lehrer in der Lage sein, zu formulieren, was sie eigentlich als Ergebnis der von ihnen angestoßenen Lernprozesse erwarten („Eingangsübung", vgl. Kap 3.2.1). Leistungsanforderungen benötigen *Gegenstands- und Zielangemessenheit*. Dazu müssen Lehrkräfte angeben können, was Schülerinnen und Schüler können, wenn sie über eine Kompetenz verfügen (Übung „Kompetenzexegese", Frage 1: „Was kann ein Kind, wenn es das kann?"). Leistungsanforderungen müssen darüber hinaus dem *Prozesscharakter* des Lernens gerecht werden („Wie unterschiedlich kann man das können?" – Übung „Kompetenzexegese", Frage 2: „Wie unterschiedlich kann man das können?").

# 5 Kompetenzorientiert und differenzierend Lehren und Lernen in der Praxis

Didaktik als die Kunst des Lehrens unter Einschluss der Expertise für das Lernen (Mathetik) ist vorausschauendes Handeln. Alle bisherigen Kapitel dieses Buches dienten deshalb dazu, Ausschau zu halten nach den Bedingungen dafür, dass Menschen zu Lernenden werden und für sich selbst zu lernen beginnen. Dabei wurde versucht, das dafür notwendige Handwerkszeug der Lehrenden zu entfalten. Im letzten Kapitel geht es nun um den Einsatz dieser Mittel. Zur Unterrichtsplanung gehört auch die Frage der Organisation von Lerngruppen: Wie viel personalisiertes Lernen ist notwendig und wie viel Dialog und Gemeinschaft braucht das Lernen? Welche Methoden und welche Aufgaben werden durch welches Lernarrangement begünstigt? Und schließlich: Wie gelingt eine Überprüfung des Gelernten, die sowohl dem individuellen Lernfortschritt, als auch einer überindividuellen Bezugsnorm gerecht wird? Didaktik heißt, andere das Lernen lehren. Die Fähigkeit, Lernprozesse vorausschauend zu imaginieren, ist deshalb die unabdingbare Voraussetzung dafür, Lernprozesse planen zu können. Aber im Unterschied zu Zielen, die wir in unserem Lebensalltag für uns selbst planen – ein bestimmtes Vorgehen, einen Einkauf, eine Reiseroute –, impliziert das Planen im didaktischen Zusammenhang einen fundamentalen Subjektwechsel. Nicht *ich* will am Ende *mein* Ziel erreicht haben, sondern mein Ziel besteht darin, dass *du* dich zu *deinem* Ziel auf den Weg machst. Zwischen der Bereitstellung von Impulsen und der Überprüfung der Ergebnisse von Lernaktivitäten liegen Lernwege, die inszeniert und begleitet werden müssen. Unterrichtsplanung ist deshalb Lernwegeplanung. Solche Lernwege sind personalisiert zu verstehen, weil sie immer subjektbezogen sind. In seinem Lernprozess ist niemand durch andere vertretbar. Damit unterliegt alles didaktische Planen der unauflösbaren Paradoxie, stets planvoll und zielgerichtet vorgehen zu müssen, um das letztlich Unplanbare in Gang zu setzen, nämlich, dass andere etwas lernen. Didaktisches Planen heißt deshalb immer auch, das Unplanbare zu planen. In der besonderen Form des schulischen Unterrichts ist das Lehren und Lernen freilich bestimmten Rahmenbedingungen unterworfen. Man lernt nicht für sich allein, sondern in mehr oder weniger jahrgangshomogenen Gruppen oder Klassen, deren Größe von in der Regel zwischen 15 bis 30 Lernenden eher zufällig beziehungsweise ökonomisch begründet ist. Eine zentrale Frage an die didaktische Planung ist deshalb schlicht eine Frage an geeignete Lernorganisationen oder Lernarrangements (1). Schulischer Unterricht zwängt das Lehren und Lernen in zeitliche Taktungen. Die klassische Form der „Unterrichtsstunde" oder „-doppelstunde" sowie die Kontingentstundentafel, also die Bereitstellung einer bestimmten Zahl an Wochenstunden für die unterschiedlichen Fächer, die je nach Bedeutung des Faches zu 40 (einstündig) bis 160 Stunden (vierstündig) während eines Schuljahres führen, machen eine zeitliche Planung erforderlich: Wie gestalten sich eine typische Unterrichtsstunde, ein Fach- und ein Schulcurriculum (2)? Die knappste Form der Unterrichtsplanung ist die tabellarische Unterrichtsskizze. An ihr kann in konzentrierter Form aufgezeigt werden, was es heißt, Unterricht zu planen von seinem angestrebten Ziel aus und vor dem Hintergrund dessen, was Schülerinnen und Schüler mitbringen, sprich: wie Lernwege in nuce geplant werden. Auf diesen Wegen begegnen initiierende oder irritierende Impulse, den Lernweg erleichternde oder ihn ermöglichende Methoden sowie das Lernen fördernde oder Lernergebnisse einfordernde Aufgaben. Die eigentliche Nagelprobe für jede Didaktik aber lautet: Was prägt meinen Unterricht, wie verändert sich meine Alltagspraxis und wie werde ich bemerken, dass ich einem bestimmten Konzept folge? Das Ziel dieses Buches besteht nicht darin, bestimmte Konzepte zu normieren, sondern Angebote zu formulieren, an denen sich eigene Konzepte und Praktiken überprüfen lassen. Es werden deshalb Perspektiven oder womöglich nur Verdachtsmomente beschrieben, anhand derer sich die eigene Unterrichtspraxis reflektieren lässt (3). Zuletzt wird zu fragen sein (4), welche Formen der reflektierenden Unterstützung und Begleitung von Lernprozessen einer gleichermaßen auf der Expertise für das Lehren wie für das Lernen aufbauenden Didaktik, also einer Didaktik unter Einschluss der Mathetik, entsprechen. Gemeint ist eine didaktische Beratung und Begleitung der Lernenden ebenso wie der Lehrenden.

## 5.1 Lernorganisation von Gruppen: Lernarrangements

Menschen lernen je für sich und miteinander. Lernprozesse sind immer zugleich personal und auf Gemeinschaft ausgerichtet. Darüber hinaus sind Menschen Individuen mit je eigenen Lerngeschichten. Doch Menschen lernen immer auch mit- und voneinander: das Hauslehrerprinzip früherer Jahrhunderte kann keine Antwort auf die Diversität und Pluralität von Lernenden sein. Dass in unserem Schulsystem Menschen in Alterskohorten sortiert und geführt werden, verdankt sich einer nur angenommenen Gleichzeitigkeit von altersspezifischen Entwicklungen. Dass zudem die Sortierung nach Leistungsfähigkeit in unterschiedlichen Schularten und nach Altersgruppen (Klassenstufen) keineswegs zu homogenen Lerngruppen führt, erfahren Lehrerinnen und Lehrer jeden Tag und dies belegen alle Schulleistungsstudien. Lehrkräfte müssen also mit der Situation klarkommen, dass ihnen in durchschnittlichen Lerngruppen oder Schulklassen nicht nur eine Vielzahl, sondern auch eine große Vielfalt von Lernenden und Lernvoraussetzungen begegnet.

Die in den vorangegangenen Kapiteln formulierten und reflektierten Anregungen zu Lernvoraussetzungen, Zielen, Methoden und Aufgaben müssen deshalb immer auch daraufhin bedacht und geplant werden, in welchen Konstellationen und Zusammensetzungen von der Einzel- über die Gruppenarbeit bis zum kollektiven Unterricht sie umsetzbar sind. Der Schritt in die Praxis beginnt deshalb mit der Frage nach der Organisation von Lerngruppen oder dem Lernarrangement. Es geht um die Vielfalt von Lernvoraussetzungen in zweierlei Hinsicht: Lernende können Dinge entweder unterschiedlich gut – oder sie können dasselbe in unterschiedlichen Varianten. Diese Unterscheidung zwischen Leistungsniveau in der Vertikalen und Leistungsvarianz in der Horizontalen wird in der folgenden Grafik durch zwei Pfeile ausgedrückt. Die beiden um 90° versetzten Pfeile spannen einen Quadranten auf, in dem sich alle Lernenden – übrigens auch die Lehrenden! – an irgendeiner Stelle lokalisieren lassen. Menschen können Dinge entweder unterschiedlich gut oder auf unterschiedliche Weise. Auch die Lehrenden, sollten sie auch exzellent in ihrem Beruf sein, werden kaum alle Platz haben auf der senkrechten Pfeilspitze, sondern sie werden wahrscheinlich den ganzen oberen Raum ausfüllen.

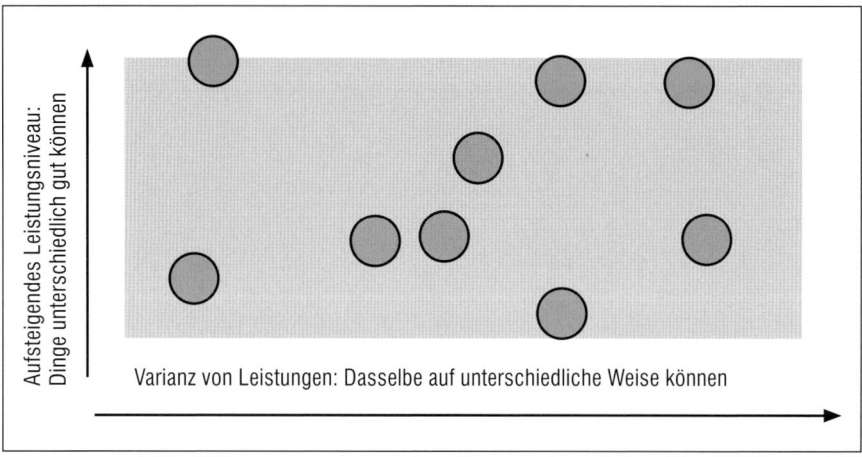

Abb. 24: Unterscheidung zwischen Leistungsniveaus und Leistungsvarianz

Um diese Vielfalt zu gestalten oder didaktisch zu organisieren, zählt Thorsten Bohl (2014) sechs Unterrichtskonzepte auf, die hier als Lernarrangements bezeichnet werden.

Es sind dies

▶ Offener Unterricht, der „definiert (ist) durch ein hohes Ausmaß an Selbst- und Mitbestimmungsmöglichkeiten für die Schüler/-innen, etwa in organisatorischer, methodischer, inhaltlicher oder politisch-partizipativer Hinsicht" (Bohl/Kucharz 2010, zit. nach Bohl 2014, S. 39);

▶ Differenzierender Unterricht, bei dem Cluster von Merkmalen von Vielfalt gebildet werden (vgl. Kap. 2.2.1);

▶ Individualisierender Unterricht, der prinzipiell die Entwicklung und den Lernstand jedes einzelnen Schülers und jeder einzelnen Schülerin fokussiert und im Extremfall in einer Lerngruppe von 31 Schülerinnen und Schülern 31 unterschiedliche Lernaktivitäten zum selben Zeitpunkt zur Folge hat;

▶ Adaptiver Unterricht, der sich vom differenzierenden Unterricht weniger in der Organisationsform als viel mehr hinsichtlich seiner Begründung unterscheidet: ein Unterricht, der sich um die Anpassung der Lernangebote an die individuellen Voraussetzungen der Lernenden bemüht;

▶ Selbstorganisierter Unterricht, der einen klaren Rahmen vorgibt, in welchem

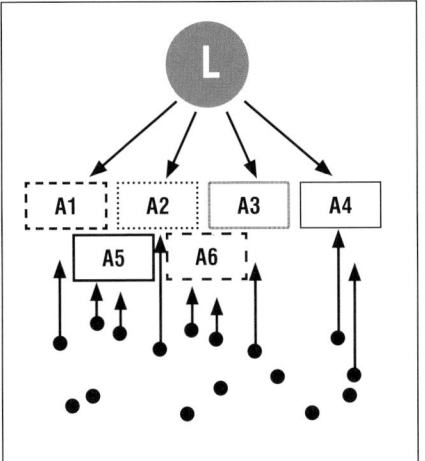

Abb. 25: Offener Unterricht (Bohl et al. 2014, S. 39)

Abb. 26: Differenzierter Unterricht (Bohl et al. 2014, S. 40)

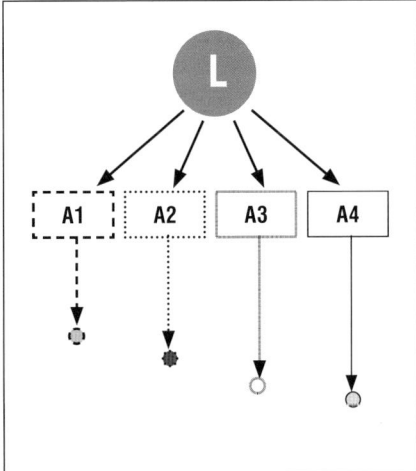

Abb. 27: Individualisierter Unterricht (Bohl et al. 2014, S. 41)

Abb. 28: Adaptiver Unterricht (Bohl et al. 2014, S. 42)

sich die Lernenden – methodisch variabel und mit einem kumulativen Aufbau versehen – die vorgegebenen Themen selbst aneignen, wobei immer wieder lehrerzentrierte Plenumsphasen integriert sind;

▶ Kooperativer Unterricht, in dem Gruppenarbeit nicht eine gelegentlich variierende Sozialform darstellt, sondern eine immer wiederkehrende Grundstruktur, in der die Einzelnen in hohem Maße Verantwortung tragen sowohl für ihren individuellen Beitrag zur Gruppe, als auch für die Präsentation des Gesamtergebnisses.

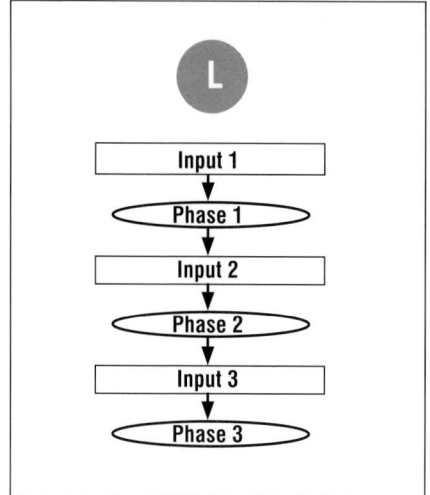

Abb. 29: Selbstorganisierter Unterricht (Bohl et al. 2014, S. 43)

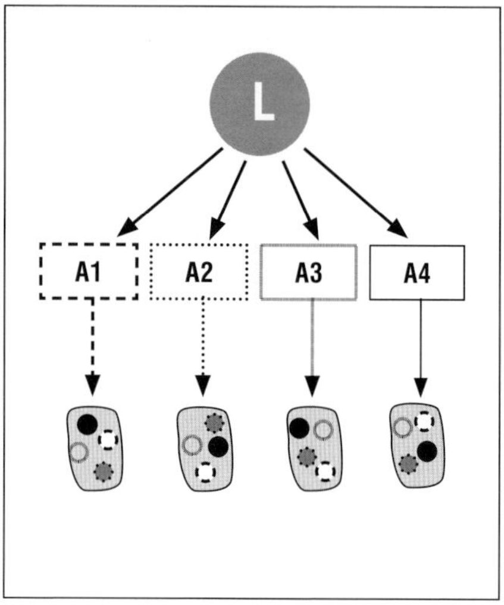

Abb. 30: Kooperativer Unterricht (Bohl et al. 2014, S. 44)

Bei diesem knappen und sehr formalen Durchgang wurde deutlich:

▶ Es geht bei der Frage nach der Unterrichtsorganisation und nach Lernarrangements zwar auch um die Frage nach wechselnden Sozialformen, aber darüber hinaus um deutlich mehr bis hin zur Frage der pädagogischen Schulentwicklung. Individuelles Lernen wird sich nicht auf eine Unterrichtsphase innerhalb des Frontalunterrichts beschränken lassen, sondern erfordert eine Umstellung des gesamten Unterrichts bis hin zur Einrichtung von Lernbüros sowie zur Erstellung von Kompetenzrastern, Checklisten und Lernjobs (s. o., Kap. 4.4) sowie zum Einüben einer entsprechenden Lernkultur.

▶ Sowohl Sozialformen als auch Unterrichtsorganisation stehen in einer engen Wechselwirkung mit Aufgaben und Methoden. Um es plakativ zu sagen: Das Ausfüllen eines Lückentextes, der mehr einem Formular gleicht als einem Arbeitsblatt, eignet sich kaum für Gruppenarbeit und schon gar nicht für Kooperatives Lernen.

▶ Im Grunde handelt es sich bei allen Organisationsformen um unterschiedliche Grade an Adaption an die Lernvoraussetzungen, was in diesem Buch als Passung an die Schülerinnen und Schüler bezeichnet wurde; die Passung an die Lernziele bzw. den Kompetenzerwerb kommt bei den dargestellten Organisationsformen kaum in den Blick.

Ich reduziere deshalb im Folgenden die Anzahl der Modelle auf vier Grundformen, nämlich die der Gemeinschaft – die bei Bohl gar nicht im Blick ist – sowie die Differenzierung, die Kooperation und die Individualisierung. Allen diesen Formen ist gemeinsam, dass sie die Herausforderung der Vielfalt von Individuen in einer Lerngruppe zu beantworten versuchen – unter Einschluss des gemeinsamen Lernens (Gemeinschaft). Der zentrale Begriff der Personalisierung wird zuletzt erläutert.

Abweichend von Abb. 30 sind in der folgenden Grafik nicht aufsteigende Niveaus, sondern die Grade von Vielfalt aufgetragen. In der linken unteren Ecke befindet sich die höchste Lern- und Leistungshomogenität, in der rechten oberen Ecke die Lerngruppe mit der größten Vielfalt an Leistungsniveaus und Leistungsvarianzen. Genau diese Fülle an Vielfalten gilt es didaktisch zu gestalten. Entlang der aufsteigenden Diagonalen nimmt die Vielfalt in jeder Hinsicht zu.

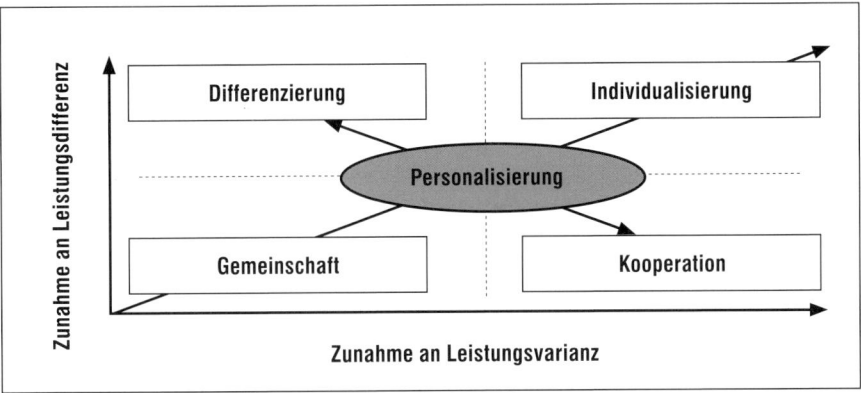

Abb. 31: Lernarrangements in Vielfalt

Die Platzierung der vier Organisationsformen ist keine Setzung, zeigt aber Tendenzen auf. Die Gemeinschaftsform des Unterrichts vermutet man dort, wo Leistungsdifferenzen und -varianzen sowie Unterschiede zwischen Lerntypen eher gering sind, die Form der Individualisierung eher dort, wo die Diversität in jeder Hinsicht am größten ist. Prinzipiell aber lassen sich alle vier Begriffe innerhalb dieser Grafik in jeder Richtung verschieben, die Positionen der Begriffe Differenzierung und Kooperation sind, je nach Aufgabe und Methode, auch austauschbar, was durch den Doppelpfeil angedeutet ist:

▶ Die Unterrichtsorganisation in der **Gemeinschaft** ist, das ist noch einmal deutlich zu unterstreichen, nicht der homogenen Lerngruppe vorbehalten, die es bekanntlich gar nicht gibt. Gemeinschaft erträgt nicht nur Diversität, sondern sie beinhaltet sie zwangsläufig, Gemeinschaft ist immer das Zusammentreffen von Unterschiedlichen. Die Grenze der Gemeinschaft könnte dort erreicht sein, wo die Diversitäten so groß sind, dass ein mittleres Anforderungsniveau nicht mehr zu identifizieren ist und die Lernangebote sich mehr und mehr am geringsten Niveau zu orientieren beginnen oder dieses ausblenden.

▶ Die Organisationsform der **Individualisierung** erträgt die größte Vielfalt bis hin zur inklusiven Lerngruppe: Wenn jede und jeder das Seine oder das Ihre tut, kann prinzipiell jede und jeder ins Lernen kommen – allerdings um den

Preis, dass der Gemeinschaftscharakter des Lernens in Form des Dialogs, der Kommunikation, des sozialen Lernens oder der Kooperation nicht mehr realisierbar ist. Pointiert ausgedrückt: Auf ihre Individualität reduzierte Lernende können weder kommunizieren noch miteinander Dinge aushandeln, austauschen, vergleichen oder sozial handeln.

▶ **Differenzierung** ist tendenziell eher der Begriff für eine Form der Unterrichtsorganisation, die eher lehrerzentriert bestimmte Lernanforderungen für bestimmte Leistungscluster vorhält. **Kooperation** ist im Gegensatz dazu tendenziell eher ein Lernkonzept mit höherem Grad an Selbstverantwortung der Lernenden und impliziert – im Idealfall – das wechselseitige Lernen von Stärkeren und Schwächeren. So wie die beiden Begriffe in der Grafik platziert sind, entsteht der Eindruck, Differenzierung sei immer dort angezeigt, wo die Leistungsunterschiede im Vordergrund stehen, für die die Lehrkräfte differenzierte Angebote – im Sinne der Übung (Vater und Sohn) zwei oder drei Differenzierungen – vorgibt und sie nach seiner Einschätzung zuteilt. Umgekehrt steht der Begriff der Kooperation dort, wo es relativ geringe Leistungsunterschiede, aber eine große Vielfalt von Lerntypen, Neigungen, Zugängen usw. gibt. Aber je nach Aufgabe und Methode können diese Begriffe durch den gesamten Raum zwischen den beiden Koordinaten wandern.

▶ **Personalisierung** schließlich ist kein Unterrichtskonzept, sondern eine didaktische Haltung. Sie nimmt die Gefahr der Vereinzelung von Schülerinnen und Schülern bei Formen der Individualisierung ernst und erinnert an die Beziehungsdimension des Lernens. Die Person ist gewissermaßen das Individuum in Beziehung. Der Personbegriff ergänzt zudem den Begriff der Differenzierung – unterschiedliche Lernvoraussetzungen erfordern differenzierte Lernangebote – um die Dimension der Eigenverantwortung aus dem kooperativen Lernen. Die Person ist das eigenverantwortliche Subjekt ihrer eigenen und der gemeinsamen Lerngeschichte.

## 5.2 Unterrichtsplanung von der Unterrichtseinheit über die Unterrichtsskizze zum Schulcurriculum

Was am Unterricht als einem personalen, interaktiven, sozialen und prinzipiell offenen Geschehen ist überhaupt planbar und planungsbedürftig? Die Antwort auf diese Frage ist eine doppelte: Planbar sind im weitesten Sinne die Dinge, die man vorbereiten kann, um sie im richtigen Augenblick zur Hand zu haben wie Materialien, Sprechtexte, Aufgaben, Überlegungen zu Methoden und Lernarrangements; planungsbedürftig sind aber vor allem auch deren beabsichtigte Effekte auf die Lernaktivität der Lernenden. Die durchgängige Frage lautet schlicht: Wozu dient dieser Impuls, diese Aufgabe, dieses Arbeitsblatt, was sollen die Lernenden damit „anfangen"? An dieser Stelle werden die Operatoren noch einmal eine bedeutsame Rolle spielen. Dies soll im Folgenden anhand einer Unterrichtsskizze verdeutlicht werden, die sich an den sogenannten ausführlichen Unterrichtsentwurf anschließt. Dabei haben weder das eine, also die Überlegungen zum schriftlichen Unterrichtsentwurf, noch das andere, also die Unterrichtsskizze, normierende Absicht. So, als könne guter Unterricht ausschließlich aufgrund dieser Überlegungen und mithilfe schriftlicher Ausarbeitung und Dokumentation gelingen. In der täglichen Unterrichtsarbeit werden Kolleginnen und Kollegen schon aus zeitlichen Gründen auf schriftliche Unterrichtsentwürfe oder -skizzen weitgehend verzichten – aber nicht auf die Planung ihrer Schritte. Doch spätestens bei der Anforderung, ein schuleigenes Curriculum zu erstellen, wird die Frage nach dem Planbaren, dem Planungserfordernis und den dazugehörigen Grundfragen wieder auftauchen.

### 5.2.1 Der ausführliche Unterrichtsentwurf

Die in Kapitel 2.1 benannten und beschriebenen elementaren didaktischen Aufgaben des „Wahrnehmens" (1.), der „Formulierung und Differenzierung" von Zielen (2.) sowie der Entscheidung für „Methoden, Aufgaben und Lernarrangements" (3.) schlagen sich auch im ausführlichen Unterrichtsentwurf nieder. Klassisch lauten die drei Strukturelemente (1.) Bedingungsanalyse bzw. Beschreibung der Lernausgangslagen, (2.) Didaktische Analyse bzw. Reflexion sowie (3.) die Synthese aus (1.) und (2.) in Form der konkreten Unterrichtsgestaltung. Neu hinzu kommt (4.) die Dimension der Metakognition, der zwar Teil der Unterrichtsgestaltung ist, aber – wie der Begriff andeutet – dem Unterrichtsgeschehen eine weitere Ebene der Betrachtung hinzufügt.

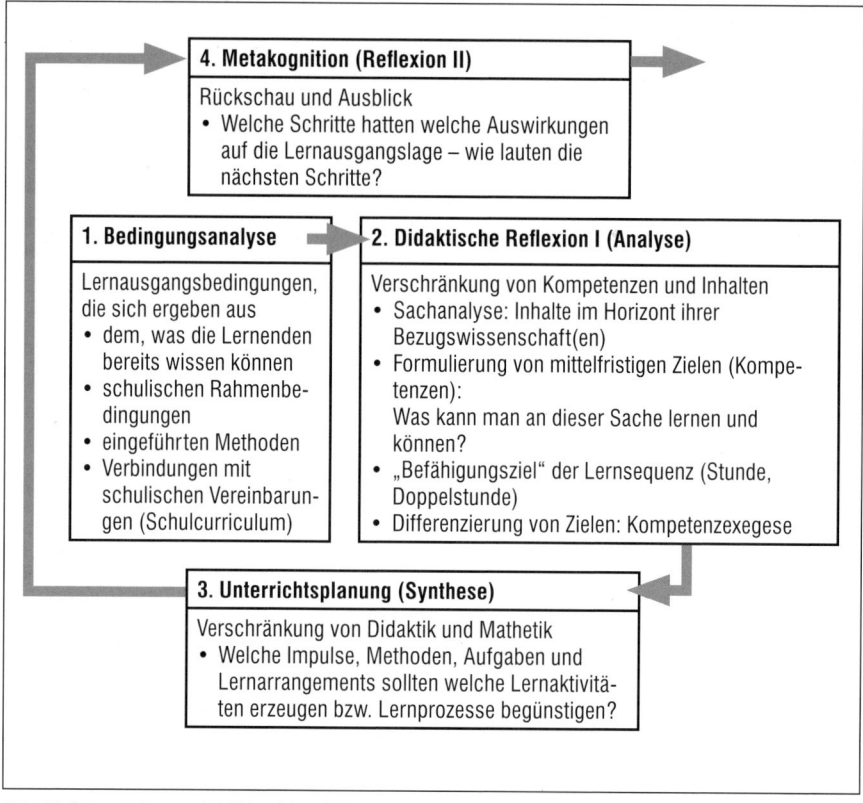

Abb. 32: Schema eines ausführlichen Unterrichtsentwurfs

## Erläuterungen

### (1.) Bedingungsanalyse

Lernausgangslagen sind durch eine ganze Fülle von Faktoren bedingt. Die naheliegende Regel für die Auswahl und Berücksichtigung von Faktoren lautet: Es sind nur solche Faktoren und Beobachtungen von Relevanz, die Auswirkungen haben auf die folgenden Schritte der Unterrichtsplanung. Als besondere Herausforderung erweist sich bei diesem Schritt immer wieder die Unterscheidung von Beobachtung und Deutung, sie reicht bis zur Übergriffigkeit und Indiskretion. Im Ausbildungszusammenhang sind für diesen Schritt vielerorts Listen von Kriterien entstanden, die Hinweise geben auf möglicherweise relevante strukturelle, äußere Rahmenbedingungen (Zusammensetzung der Lerngruppe, Stundentafel, Dauer und Umfang der Lernsequenz usw.) sowie person- und entwicklungsbezogene Faktoren seitens der Schülerinnen und Schüler (psychische und kognitive Entwicklungen, Motivationslagen, Vorwissen, eingeübte Arbeitsformen und Methoden, Sozialverhalten, Emotionen usw.).

## (2.) Didaktische Analyse (Reflexion I)

Die didaktische Reflexion wird hier unterschieden von der metakognitiven Reflexion (vgl. 4). Der leidige Streit darüber, ob es unter dem Eindruck der Kompetenzorientierung überhaupt noch „Themen" und „Stundenziele" geben könne bzw. dürfe, ist meines Erachtens überflüssig; entscheidend ist vielmehr das Stichwort der Verschränkung. Eine reine „Vermittlungsdidaktik", deren Ziel darin besteht, schwierige Sachverhalte „gut herüberzubringen", ist lerntheoretisch obsolet. Dennoch oder gerade deshalb bedarf es für die Unterrichtspraxis einer fachwissenschaftlichen Sachanalyse (Eingrenzung und Einordnung der Thematik, logische Zusammenhänge, elementare Sachverhalte usw.), die in die Frage mündet: Was können diese Schülerinnen und Schüler an diesem Sachverhalt lernen und schließlich können – wie trägt die Begegnung und Auseinandersetzung mit diesem Sachverhalt zum fachspezifischen und zum überfachlichen Wissen und Können der Lernenden bei? Dabei kann es helfen, mittelfristig zu erreichende Kompetenzen zu unterscheiden von „Befähigungszielen", die im Verlauf einer bestimmten Lernsequenz, also einer Unterrichts- oder Doppelstunde, erreichbar sind. Verengt man das zu erreichende Ziel nicht auf die von der Lehrkraft verfolgte Lehr-Intention („Lehrziel"), sondern versteht man darunter dasjenige Wissen und Können, das die Lernenden sich erarbeiten, dann darf ein solches Ziel nach meiner Einschätzung auch weiterhin „Stundenziel" heißen. Das Kunstwort „Befähigungsziel" versucht deshalb, die Perspektive des lernenden Subjekts einzuschärfen. Die Formulierung des „Befähigungsziels" entsteht aus dem ersten Schritt der Kompetenzexegese: Was können die Lernenden, wenn sie das können? Die Differenzierung von Zielen erfolgt aus dem zweiten Schritt: Wie unterschiedlich kann man das können?

## (3.) Unterrichtsplanung (Synthese)

Im Übergang von Schritt 2 zu Schritt 3 spielen die Operatoren noch einmal eine entscheidende Rolle. In der praktischen Anwendung auf Unterrichtsgestaltung also die Formulierung von Aufgaben und Arbeitsaufträgen, der Anleitung von Methoden und der Lernorganisation – wird sich zeigen, welches Können die Lehrkraft für „operationalisierbar" hält. Die Ausführungen über den Zusammenhang von Operatoren, Aufgaben und Methoden müssen hier nicht noch einmal wiederholt werden.

## (4.) Metakognition (Reflexion II)

Die Fähigkeit zur Metakognition – also der Reflexion eigener Lernprozesse – gehört zu den besonderen Kennzeichen eines lernaktivierenden Unterrichtsverständnisses (vgl. Abb. 32). Damit sind sowohl die Lernenden als auch die am eigenen didaktischen Handeln lernenden Lehrenden gemeint. Die Metakognition der Schülerinnen und Schüler ist Teil des Unterrichts selbst. Dafür gibt es inzwischen etliche methodische Vorschläge (vgl. Ziener/Kessler 2012, Kap. V). Aus der Perspektive der Unterrichtenden will ein reflexiver Umgang mit dem eigenen Unterricht ja nichts Anderes erheben als die eigene Fähigkeit, wirksame Lernimpulse zu planen. Deshalb können solche Überlegungen bereits Teil des Unterrichtsentwurfs sein. Mögliche Fragen zur Metakognition der Lehrkraft könnten lauten:

▶ Woran werde ich feststellen, dass ich meinem Unterrichtsziel nähergekommen bin bzw. es erreicht habe?

▶ In welcher Form werde ich meine eigenen Unterrichtserfahrungen zum Gegenstand meiner weiteren Planung machen?

▶ An welchen Stellen und in welcher Weise werden die Schülerinnen und Schüler Gelegenheit erhalten zu zeigen, dass sie das, was sie lernen sollten, gelernt haben?

Diese letzte Frage schlägt bereits eine Brücke zu Kapitel 5.3.2 (Lernentwicklung reflektieren).

## 5.2.2 Eine Unterrichtsskizze

In Unterrichtsskizzen wird die Planung didaktischer Schritte in einer konzentrierten, überblicksartigen Form dokumentiert, die häufig kaum mehr als eine Seite umfasst. Solche Skizzen dienen zum einen der Erleichterung des kollegialen Unterrichtsbesuchs bzw. der Unterrichtsberatung. Sie dienen aber nicht selten auch den Unterrichtenden selbst als regelrechte Regieanweisungen oder Laufzettel für den eigenen Unterricht mit wörtlichen Redeanteilen, Gelenkstellen, Arbeitsanweisungen usw., wodurch sie erheblich umfangreicher werden. Schon deshalb ist die nachfolgende Skizze (vgl. Abb. 33) wiederum nur eine Minimalform, die der Veranschaulichung von Grundentscheidungen dient.

### Erläuterungen zur Unterrichtsskizze – Korrelation

1. Seit der flächendeckenden Veröffentlichung von Lehrplänen in Form von Bildungsstandards führt kein Weg daran vorbei, in der Kopfzeile einer Unterrichtsskizze diejenigen Kompetenzformulierungen, auf die sich die fragliche Lernsequenz oder Unterrichtsstunde bezieht, wörtlich aus den curricularen Vorgaben zu übernehmen. Je nach Bundesland werden die Kompetenzen getrennt ausgewiesen als prozessbezogene und inhaltsbezogene Kompetenzen. Sollte dies nicht der Fall sein, plädiere ich entschieden gegen die eigenständige Formulierung von prozessbezogenen Kompetenzen; dies gehört allenfalls in einen schriftlichen Unterrichtsentwurf, also den beschreibenden und analytischen Text vor der Unterrichtsskizze. Außerdem werden in einigen Bundesländern ergänzend Unterrichtsthemen vorgegeben oder vorgeschlagen. Dass in dieser Skizze ein „Thema" und ggf. ein „Stundenthema" an erster Stelle stehen, sollte man nicht als Abkehr von der Kompetenzorientierung missverstehen. Wichtig ist jedoch bereits an dieser Stelle die Auseinandersetzung mit den Kompetenzformulierungen in Form der freien Formulierung eines „Befähigungszieles" sowie möglicher oder erforderlicher Differenzierungen in un-

| Thema der UE _____ _____ (ggf. inhaltliche Spezifizierung, Thema der Stunde) _____ _____ | weitere Informationen: Datum, Name des/der Unterrichtenden, Klasse, Schule usw. |
|---|---|

Kompetenz(en)
Prozessbezogene Kompetenz(en) _____
_____
Inhaltsbezogene Kompetenz(en) _____
_____
Differenzierung:

| Befähigungsziel | Mindestniveau | Regelniveau | Expertenniveau |
|---|---|---|---|
|  |  |  |  |

| Phasen/Zeit | Impulse/Interaktionen der Lehrkraft (Lernarrangement) | Intendierte Lernaktivität der SuS (Methoden) | Bemerkungen (Differenzierung/ Lernarrangements/ Methoden) |
|---|---|---|---|
| *(Echtzeit, nicht Dauer!)* |  |  |  |
|  |  |  |  |

Abb. 33: Verlaufsskizze für den schriftlichen Unterrichtsentwurf

terschiedliche Kompetenzniveaus oder Anforderungsebenen, hier in der Maximalform von drei unterschiedlichen Niveaus. Weitere Überlegungen zu den Anforderungsniveaus finden sich im Kapitel 4.1. Entscheidend ist hier zunächst die Korrelation zwischen der curricularen Vorgabe und dem kurzfristigen „Befähigungsziel". Nachdem die Kompetenzformulierungen des Lehrplans meist auf einem mittleren Abstraktionsniveau formuliert und für eine Unterrichtsstunde überdimensioniert sind, müssen die Vorgaben in der Regel quantitativ und qualitativ „verkleinert" werden. Bevor Schülerinnen und Schüler einen komplexen Sachverhalt *erläutern, interpretieren* oder *analysieren* können, müssen sie in die Lage versetzt werden, bestimmte Sachverhalte oder Aspekte zu *beschreiben, darzustellen* oder zu *vergleichen*. Die Kontrollfrage lautet: Inwiefern ist das „Stundenziel" die Voraussetzung für das mittelfristige Ziel – und zugleich anschlussfähig an das, was die Schülerinnen und Schüler bereits wissen und können? Operatorenlisten können hier gute Formulierungshilfen darstellen.

2. In den beiden mittleren Spalten spiegelt sich die Korrelation zwischen dem, was die Lehrkraft anbietet, unternimmt, inszeniert oder aufträgt usw. – und der damit intendierten Auswirkung auf die Lernaktivität der Lernenden. Die in solchen Skizzen oft übliche Spaltenüberschrift „LehrerInnentätigkeit"/„SchülerInnentätigkeit" führt in der Praxis häufig dazu, dass kleinschrittige und häufig auch banale Unterrichtsvollzüge gewissermaßen im Voraus protokolliert werden: Lehrkraft teilt Lückentext aus/SchülerInnen füllen Lückentext aus; Lehrkraft zeigt an der Karte/SchülerInnen sehen nach vorn usw. Nicht jede Tätigkeit der Lehrkraft braucht in der Skizze eine ausdrücklich formulierte Erwiderung durch die Schülerinnen und Schüler. Ein Gruß sollte selbstverständlich erwidert werden, Arbeitsblätter sollten verteilt und Texte gelesen werden, auch ohne entsprechende Bemerkung in der Skizze. Entscheidend ist vielmehr eine zweite Form der Korrelation, nämlich die zwischen den Interaktionen der Lehrkraft und der Lernaktivität der Schülerinnen und Schüler. Die Frage lautet: Welcher Impulse bedarf es, damit die Schülerinnen und Schüler Eigentätigkeit entwickeln, etwas entdecken, sich zu eigen machen, durchdringen, rekonstruieren, deuten oder in eigene Worte fassen? An der Korrelation zwischen Lehrer- und Schülertätigkeit erweist sich deshalb die Kunst des didaktischen Handwerks.

3. Zuletzt ist auf eine dritte Form der Korrelation hinzuweisen, nämlich die zwischen den Lernaktivitäten der Schülerinnen und Schüler und den Kompetenzformulierungen im Kopf der Skizze. Beschränken sich die Aktivitäten der Schülerinnen und Schüler, wie im vorigen Abschnitt etwas despektierlich angedeutet, auf das Zuhören, Ausfüllen oder Vorschauen, dann werden solche Aktivitäten schwerlich dazu geeignet sein, die eingangs formulierten Kompetenzen zu erreichen. Lautet beispielsweise das angestrebte Ziel, die Schülerinnen und Schüler können *Vermutungen anstellen, interpretieren* oder *analysieren*, so wird man auch in der Spalte der intendierten Lernaktivitäten entsprechende Formulierungen bzw. Operatoren erwarten.

4. Eine Unterrichtsskizze sollte so übersichtlich wie möglich, aber auch so aussagefähig wie nötig sein. Darum kann es nicht sein, dass alle übrigen Belange durch eine summarische Spalte „Didaktische Bemerkungen" aufgefangen werden. Dieser Satz bezieht sich sowohl auf die in Klammern angeführten Begriffe „Lernarrangements" und „Methoden", als auch auf die Frage nach Niveaudifferenzierungen im Unterrichtsverlauf. Die Frage des Lernarrangements ist eine überwiegend lehrerzentrierte Entscheidung, deshalb taucht der Begriff in der zweiten Spalte auf. Methoden gehören in die Hände der Lernenden, deshalb steht der Begriff über der dritten Spalte; man könnte aber auch eine umgekehrte Reihenfolge begründen. Nachdem Differenzierungen nach Anforderungsniveaus nicht in jedem unterrichtlichen Schritt erforderlich sind, könnte dafür die vierte und letzte Spalte geeignet sein. Differenzierungen könnten auch durch unterschiedliche Lernorganisation und bestimmte Methoden erleichtert werden – darum tauschen die Begriffe über der letzten Spalte noch einmal auf.
5. Die letzte Bemerkung bezieht sich auf die erste Spalte und ist rein pragmatischer Art. Im Verlauf der Planung denkt man eher über die Dauer von Unterrichtsphasen nach, im Verlauf der gehaltenen Stunde ist der Zeitpunkt entscheidend. Daraus resultiert die Empfehlung, in der ersten Spalte Uhrzeiten zu notieren und nicht die Dauer des jeweiligen Schritts.

## 5.2.3 Unterrichtsskizze, Kern- und Schulcurriculum

In den Lehr- und Bildungsplänen der meisten Bundesländer findet sich sinngemäß die lapidare Formulierung: Schulen erstellen für den Unterricht schuleigene Curricula. Diese Formulierung resultiert daraus, dass es sich bei den Plänen auf der Basis von Bildungsstandards im strengen Sinne gar nicht um Curricula, also Wegbeschreibungen des Lernens handelt, sondern eher um Lern-Ergebnis-Beschreibungen in teilweise beträchtlichen zeitlichen Lernabschnitten, das heißt in der Regel von zwei oder drei Schuljahren oder Klassenstufen; die nationalen Bildungsstandards der Kultusministerkonferenz beschreiben sogar lediglich Bildungsabschlüsse, die nach vier oder mehr Jahren zu erreichen sind. Die Frage, auf welchen Wegen Lernende zu solchen Abschlüssen kommen, ist deshalb unausweichlich. Deshalb wurde hier formuliert, Unterrichtsplanung sei Lernwegeplanung. Die Erstellung von Lernwegen – mit einem anderen Wort: von „Curricula" – ist deshalb die genuine Planungsaufgabe jedes und jeder Unterrichtenden.

Etwas vergröbernd kann man feststellen, dass das zu erstellende Curriculum an die Stelle bisheriger Stoffverteilungspläne getreten ist. Das Wort Stoffverteilungsplan ist jedoch im Zusammenhang der Kompetenzorientierung zu Recht verpönt. Es stellt ja nicht mehr in Aussicht als die Absicht, irgendwann in einem bestimmten Jahr „Luther" oder „Den Dreisatz" oder „Die Passatwinde" „zu machen". Mit welcher Absicht das „durchgenommen" wird und was die Schülerinnen und Schüler danach „können", ist einem klassischen Stoffverteilungsplan nicht zu entnehmen – was nicht heißen soll, dass Schülerinnen und Schüler dann auch keinesfalls etwas lernen könnten. Nur gibt dieser Plan darüber keine Auskunft. In aller Regel wurde der Begriff des Stoffverteilungsplans inzwischen ausgetauscht gegen den pädagogisch und didaktisch neutralen Begriff einer (Zwei-)Jahresplanung.

Was jedoch die Forderung nach Erstellung solcher schuleigenen Curricula oder auch Schulcurricula erheblich erschwert ist der Umstand, dass mit diesem Wort in den unterschiedlichen Ländern ganz unterschiedliche Dinge bezeichnet und entsprechend unterschiedliche Anforderungen und Erwartungen damit verbunden werden. Im Folgenden sind deshalb Gesichtspunkte einer Erstellung von schuleigenen Curricula zusammengestellt, die nicht in gleicher Weise für alle Bundesländer und Schularten zutreffen werden.

▶ **Abstraktionsniveau der Lehrpläne (qualitativer Gesichtspunkt)**
Lehr- oder Bildungspläne legen fest, was in ihrem Geltungsbereich in der jeweiligen Schulart und im jeweiligen Fach die Lernenden am Ende eines Lernzeitraumes können sollen. Dies geschieht in aller Regel auf einem mittleren Abstraktionsniveau. Ein Fachbezug ist somit erkennbar, aber konkrete Inhalte werden – das geschieht von Fach zu Fach, von Schulart zu Schulart, von Land zu Land sehr unterschiedlich – weniger konkret benannt, bisweilen auch nur beispielhaft vorschlagen. Dieser Umstand hat, wie in Kapitel 3 ausführlich dargelegt und diskutiert, zu dem fatalen Missverständnis geführt, Kompetenzorientierung bedeute die Abkehr vom Wissen. Die Verknüpfung von Kompetenzen mit notwendigen und geeigneten Inhalten ist ein unabdingbarer Bestandteil von curricularer Planung, die sich aber wiederum nicht auf die Auflistung und Verteilung von „Stoffen" beschränken darf. Curriculare Planung von Kompetenzen und Inhalten ist deshalb zunächst eine originäre und individuelle Aufgabe jeder Lehrkraft.

▶ **Schulcurriculum und „Kerncurriculum" (quantitativer Gesichtspunkt)**
Spätestens beim Begriff des „Kerncurriculums" beginnen die Missverständnisse. In einigen Bundesländern – so in Hessen oder in Niedersachsen – trägt der verbindliche Lehrplan selbst diesen Namen; in Baden-Württemberg hat der Bildungsplan die *Funktion* eines Kerncurriculums. Was ist damit gemeint? In Baden-Württemberg hat der Begriff des „Kerns" neben dem des „Wesentlichen", also für das ganze Land in gleicher Weise Verbindlichen, auch eine zeitliche, quantitative Dimension. Es gilt die Bestimmung, dass die Kompetenzen und Inhalte des Bildungsplans lediglich zwei Drittel (Bildungsplan 2004) bis drei Viertel (Bildungsplan 2016) der Unterrichtszeit beanspruchen sollen. Der dadurch gesicherte Freiraum soll genutzt werden, um das Kerncurriculum fach- und schulspezifisch zu ergänzen und zu vertiefen. Die Planungsaufgabe ist damit eine Doppelte und lautet: Auf welchen Wegen und an welchen Inhalten lernen unsere Schülerinnen und Schüler das, was *alle* lernen, und an welchen Inhalten, in welchen Lernformen, in Form welcher Projekte, außerschulischer Lernorte, Kooperationen usw. vertieft *unse-*

*re* Schule mit ihren besonderen Rahmenbedingungen, Gegebenheiten und Traditionen dieses Lernen? In den anderen genannten Ländern fehlt diese ausdrückliche Quantifizierung. Die schulinterne Planungsaufgabe lautet: Konkretisierung des für alle gültigen, aber für den konkreten Unterricht zu allgemeinen Kerncurriculums.[9] Dabei ist zu beobachten, dass im Zuge der Umstellung von (eher) inhaltsorientierten Rahmenplänen zu kompetenzorientierten Plänen häufig lediglich die vorhandenen Stoffverteilungspläne um eine Spalte mit Kompetenzformulierungen erweitert wurden. Dieses Verfahren ist keineswegs verwerflich. Aber es lässt die Frage offen, wie Schülerinnen und Schüler an dieser spezifischen Schule fächerübergreifend ihr Wissen organisieren, kommunizieren, gestalten, handeln und reflektieren lernen.

▶ **Vernetzung (fächerübergreifende Kooperation)**

Es scheint eine besondere Pointe eines kompetenzorientierten Lernverständnisses zu sein, dass durch die Verschiebung des Fokus' auf das Können der Lernenden solche Lernergebnisse unterstützt werden, die an Inhalten gewonnen werden, aber über das Einzelfach hinausweisen. Der Erwerb von Fähigkeiten, Wissen zu generieren, zu strukturieren, zu durchdringen; die Fähigkeit zur Kommunikation, zur Gestaltung oder Reflexion kann ja nicht jedem einzelnen Fach bzw. allen Schülerinnen und Schülern in jedem Fach von Neuem aufgebürdet werden. Mit anderen Worten: kompetenzorientiertes Lehren und Lernen hat seine besondere Pointe im fächerübergreifenden, fächerverbindenden Lernen. Was heißt dies für die Planung von Unterricht und die Dokumentation dieser Planung in einem Schulcurriculum? Die Antwort auf diese Frage hängt wesentlich von den Bedürfnislagen derer ab, die mit einem solchen Planungsinstrument arbeiten sollen oder wollen. Die doppelte Leitfrage könnte lauten: Welche Synergien, Anschluss- und Vernetzungsmöglichkeiten zwischen den Fächern wollen wir nutzen, verabreden und in einer schriftlichen Dokumentation sichtbar machen? – Und: Wie viele Festlegungen zur Verminderung von Doppelungen und zur Erleichterung von aufbauendem, vernetzendem Lernen brauchen wir, aber wie viel damit verbundene Beschränkungen didaktischer Freiheit erträgt unser Unterricht? Für die Grund-, Sonder- und Förderschulen lässt sich diese Frage leichter beantworten. Vernetzungen zwischen Sprach- und Sachunterricht, zwischen Musik und Religion, Bildender Kunst, Sport und wiederum den Sprachen und dem Sachunterricht sind unabdingbar, aber durch das hohe Maß an Klassenlehrerunterricht auch naheliegend. Diese Voraussetzung trifft auf den Unterricht an den weiterführenden Schulen aufgrund des Fachlehrerprinzips sehr viel weniger

---

[9] Der einzelnen Schule obliegt eine weitere Konkretisierung der Kerncurricula. Sie kann sich für die Entwicklung eines schulinternen Curriculums entscheiden. Solange kein Beschluss der Schule zu einem Schulcurriculum vorliegt, gelten die bisherige Rahmenplan für die Grundschule beziehungsweise die bisherigen Lehrpläne für die Bildungsgänge der Sekundarstufe I. In diesem Fall legt die Schule fest, wie die Inhalte des Rahmenplans oder der Lehrpläne mit den Kompetenzfestlegungen der Kerncurricula verknüpft werden (vgl. https://kultusministerium. hessen.de/schule/bildungsstandards-kerncurricula-und-lehrplaene, Zugriff am 26.08.2015).

zu. Damit ist die Richtung angedeutet: Die Fülle solcher möglichen Absprachen zur Vernetzung zwischen den Fächern bedarf einer intensiven kollegialen Zusammenarbeit und ist hinsichtlich ihrer Komplexität nahezu unbegrenzt steigerungsfähig. Was das bedeutet, lässt sich an sogenannten didaktischen Jahresplanungen aus berufsbildenden Schulen besichtigen (Ministerium für Schule und Weiterbildung des Landes Nordrhein-Westfalen 2009, S. 8). Ein sinnvolles Maß zwischen optimaler Planung und Nutzung von Anschlüssen sowie Vernetzungen und die Erstellung eines nicht mehr alltagstauglichen Korsetts lässt sich nicht abstrakt bestimmen. In der eigenen Schul- und Unterrichtsentwicklung hat sich die Faustregel bewährt: **Beschränken Sie sich bei der Planung und Dokumentation von Anschlussmöglichkeiten und Vernetzungen auf das Maß, das Sie für ein effektives Arbeiten benötigen.** Worauf würden Sie sich gern verlassen können? In der Praxis bedeutet dies eine Synopse aus einer begrenzten Anzahl von Fachcurricula etwa aus dem Bereich der Sprachen, der Gesellschafts- oder der Naturwissenschaften, in der die beteiligten Fächer ihre Kompetenzen und Inhalte so notieren, dass Synergien sichtbar werden.

▶ **Sozial-, Medien-, Methodencurriculum; Schulprojekte**

Ein letztes Augenmerk unter dem Stichwort Schulcurriculum liegt auf solchen unterrichtlichen und erzieherischen Aufträgen, für die ein eigenes Fach gar nicht zur Verfügung steht. In einzelnen Bundesländern, wie etwa in Baden-Württemberg, werden beispielsweise für die Medienpädagogik zwar ein Fachplan sowie Wochenstunden in der Kontingentstundentafel ausgewiesen, die aber in keinem Stundenplan auftauchen. Sie sind „integriert" zu unterrichten. Der Stundenbedarf speist sich also aus dem Deputat derjenigen Fächer, die diese Aufgaben übernehmen. Der Sinn liegt außer in der ökonomischen Ersparnis darin, solche Bildungsanliegen nicht in Form von einzelnen Fächern zu isolieren, sondern zum Anliegen aller Unterrichtsfächer und der ganzen Schule zu machen. In Reinform bedeutet integriertes Unterrichten nicht den teilweisen Verzicht der betroffenen Fächer auf Deputatsanteile, sondern Unterricht im Fach Deutsch, Physik, Ethik oder Biologie unter medienpädagogischen (sozialen, methodischen usw.) Gesichtspunkten. Hierfür ist die Erstellung eines schuleigenen Curriculums im eigentlichen Sinne – also nicht eines Stoff- oder Zeitverteilungsplanes, sondern eines integrativen Lernwegeplanes – unbedingt erforderlich. Unbefriedigend sind „Schulcurricula" für diesen Zweck, die nichts anderes sind als tabellarische Übersichten über die Kontingentstunden aller Fächer, über die künstlich Zeitkontingente für Medienpädagogik oder Methoden gestreut werden, die sich zur geforderten Stundenzahl addieren: Beispielsweise erklären sich die Fächer Deutsch, Mathematik und Biologie bereit, rein rechnerisch 2/3 Wochenstundenanteile Medienpädagogik „zu übernehmen", das ergibt in der Summe – wiederum rein rechnerisch – 2 ganze Wochenstunden usw. Bereits etwas befriedigender sind Auflistungen von unterrichtlichen und außerunterrichtlichen

Maßnahmen innerhalb einer Schule (Klasse 5/6: Streitschlichterprogramm; Klasse 7/8: Patenschaftsarbeit und Medienführerschein; Klasse 9/10: Briefpartnerschaft mit England usw.), die aber eher in ein Schulportfolio passen. Die eigentliche Ausgangsfrage lautet: Welche Methoden[10], Sozialtrainings, Praktika usw. wollen wir im Laufe der Schulzeit aufbauend, also curricular, verankern und welche Fächer können – mithilfe ihrer ureigenen Fachaufträge! – in dieser Reihenfolge zu diesem Curriculum beitragen?

## 5.3 Merkmale kompetenzorientierten Lehrens und Lernens im Alltag

Die drei vorangegangenen Kapitel folgten dem impliziten Dreischritt von Wahrnehmen – Deuten – Gestalten. Der Ausgangspunkt war die „Vielfalt von Vielfalten" (vgl. Kap. 2.2.1) auf Seiten der Schülerinnen und Schüler und deren differenzierte Wahrnehmung durch die Lehrkraft. Diese Vielfalt gilt es mit verbindlich und standardisiert vorgegebenen Lernerwartungen zu konfrontieren. Darin besteht die eigentliche Herausforderung. Das heißt, Ziele des Unterrichts müssen auf diese Vielfalt hin gedeutet, übersetzt und differenziert werden. Das Ziel wird niemals sein, dass am Ende alle alles wissen und können, sondern dass allen ein Optimum an Lernchancen eröffnet wird. Dafür müssen Lernwege gestaltet, das heißt geplant und inszeniert werden. Es fehlt nun noch der letzte Schritt, nämlich nicht nur die Bedingungen der Möglichkeit, sondern auch die Effizienz des unterrichtlichen Geschehens zu reflektieren. Mit dem Stichwort der Effizienz wird der rote Faden der Qualitätsfrage, der sich mehr oder weniger sichtbar durch alle Kapitel zog, ein letztes Mal sichtbar. Mit dem Satz: „Schule muss sich lohnen!" wurde dieser Faden im Eingangskapitel aufgenommen. Dieser Satz lautet am Ende dieses Buches: „Der Einsatz an Kraft und Fantasie, an Professionalität und Expertise, den Lehrkräfte Tag für Tag erbringen, die Mühen, die sie auf sich nehmen, müssen sich lohnen!" Wann werden diese Mühen sich gelohnt haben? Die Antwort: Wenn alle Schülerinnen und Schüler ihre Chancen optimal genutzt haben, greift ebenso zu kurz wie der Umkehrschluss, wonach unbefriedigende Lernergebnisse an unbefriedigendem Lehrerhandeln liegen. Dafür ist die Wirklichkeit des Unterrichts viel zu komplex und die Formen der Interaktion zwischen Lehrenden und Lernenden sind zu vielfältig. Anders ausgedrückt: Die Wirklichkeit des alltäglichen Unterrichts kennt nicht nur Ge- und Misslingen, sondern unzählige Zwischentöne. Und Lernprozesse werden durch Lehrende nicht einfach bewirkt oder verhindert, sondern mehr oder weniger motiviert und initiiert, mehr oder weniger unterstützt und begleitet, mehr oder weniger gefördert und begünstigt. Genau solche Zwischentöne auszuloten, ist die Aufgabe der Selbst- oder Metareflexion innerhalb von Lernprozessen. Im Folgenden

---

[10] Vgl. das Kapitel zum Aufbau von Methodenkompetenz einschließlich eines Vorschlages für ein entsprechendes Kompetenzraster in Ziener/Kessler, 2012, S. 210 ff.

werden schlaglichtartig Indikatoren angeboten, um den Prozess zunächst der Selbstreflexion und im letzten Schritt des kollegialen Austauschs über die Praxis des Unterrichtens anzustoßen. Dazu werden noch einmal die „vier Kategorien" des Lernens aus Kapitel 3.5 aufgerufen und in das Qualitätsmodell eingetragen.

### 5.3.1 Indikatoren für die Selbstreflexion von Unterricht

Die vier Kategorien – Kognition, Kommunikation, Gestaltung, Reflexion – beschreiben Dimensionen des Lernens, in denen Unterrichtende mehr oder weniger wirksam, unterstützend und effektiv wirken können. Für die Reflexion solcher Wirksamkeit im eigenen Handeln – und der eigenen Haltung! – braucht es Anhaltspunkte, Hinweise oder gewissermaßen „Verdachtsmomente". Um diesem Verdacht auf die Spur zu kommen, werden im Folgenden Fragen formuliert, die Lehrkräfte an sich selbst richten können. Zu messen ist die Wirksamkeit des eigenen Handelns an den selbst oder curricular vorgegebenen Zielen, die hier exemplarisch aus veröffentlichten Lehr- oder Bildungsplänen übernommen sind. Die Fragen zur Selbstreflexion sind niemals abschließend und auch noch einmal ganz anders als hier vorgeschlagen zu formulieren. Auch die Zuordnung der Fragen ist aufgrund der Wechselwirkungen zwischen den vier Kategorien nicht zwingend.

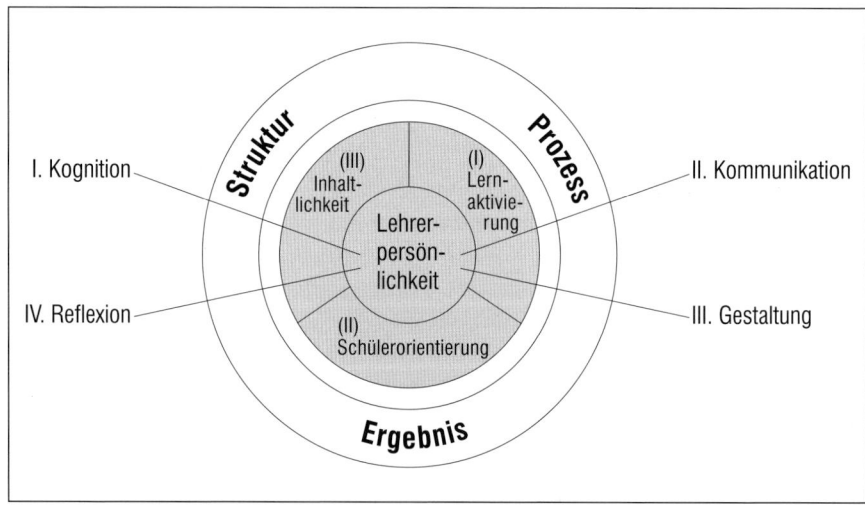

Abb. 34: Qualitätsmodell

| Beispielstandards | Fragen zur Selbstreflexion |
|---|---|
| Die Schülerinnen und Schüler<br>→ kennen und verstehen die grundlegenden Kriterien von nachhaltiger Entwicklung;<br>→ können geeignete Verfahren zur Lösung von Gleichungen und Gleichungssystemen auswählen;<br>→ historische Ereignisse und Prozesse adäquat benennen, zeitlich zueinander in Beziehung setzen und ihre Abfolge bestimmen;<br>→ sprachliche und gestalterische Mittel und Ideen sammeln: Wörter und Wortfelder, Formulierungen und Textmodelle. | → Fördert und fordert der Unterricht eigenes Denken (kognitive Aktivierung)?<br>→ In welcher Form können Schülerinnen und Schüler eigenes Vorwissen, Erfahrungen und Fragen einbringen?<br>→ Welche Rolle haben Sachinformationen im Erfahrungs- und Erlebnishorizont der Schülerinnen und Schüler?<br>→ Knüpfen Inhalte bei den Schülerinnen und Schülern an und erweitern sie Horizonte?<br>→ Lernen Schülerinnen und Schüler das Generieren, Strukturieren, Memorieren von Informationen?<br>→ Erhalten Schülerinnen und Schüler Gelegenheit, Verstehen und Nichtverstehen zum Ausdruck zu bringen?<br>→ In welcher Phase des Unterrichts zeigen die Schülerinnen und Schüler, ob sie etwas verstanden haben? |

Abb. 35: Kognition (kognitive Aktivierung)

| Beispielstandards | Fragen zur Selbstreflexion |
|---|---|
| Die Schülerinnen und Schüler<br>→ können diskutieren und Streitgespräche führen;<br>→ können unterschiedliche Lösungsstrategien beschreiben und abwägen;<br>→ können die Wirkungsprinzipien von Verbrennungsmotoren erläutern;<br>→ können mit Menschen anderer Religionen ... sprechen und ihre Einstellungen erfragen;<br>→ können an der Standardsprache orientiert verständlich sprechen;<br>→ können sich einer fremden Person vorstellen. | → Wie verteilen sich Gesprächsanteile auf die effektive Lernzeit?<br>→ Erhalten Schülerinnen und Schüler ausreichend Zeit und Unterstützung, sich sprachlich auf ein Thema einzustellen?<br>→ Gibt es freie, vereinbarte Redezeiten für alle Schülerinnen und Schüler?<br>→ Kommen alle zu Gehör?<br>→ Wird ein Lerngegenstand „angesagt" oder auch sprachlich plausibel gemacht?<br>→ Erhalten Schülerinnen und Schüler Ermutigung, eigene Sprachfähigkeit zu entwickeln?<br>→ Ist die Sprachpflege Unterrichtsprinzip und -gegenstand? |

Abb. 36: Sprache (Sprachgebrauch und Sprachpflege)

| Beispielstandards | Fragen zur Selbstreflexion |
|---|---|
| Die Schülerinnen und Schüler<br>→ können das eigene Lebensumfeld verantwortlich mitgestalten;<br>→ können ein Experiment planen, durchführen und auswerten;<br>→ können Entwürfe erstellen, Pläne lesen und Produkte herstellen;<br>→ können Lösungsstrategien entwickeln und nutzen. | → Wird ein Produkt „fertig gemacht" oder wird der Prozesscharakter reflektiert?<br>→ Gibt es Zeit, Arbeitsformen und Methoden zu erlernen?<br>→ Ist den Schülerinnen und Schülern deutlich, wozu ihnen eine Methode hilft?<br>→ Welche Bedeutung hat ein Methodencurriculum?<br>→ Gibt es Aufgabenstellungen mit echter Lösungsvarianz?<br>→ Dürfen die SchülerInnen zeigen, dass sie das, was es zu können gilt, auf ihre Weise können?<br>→ Werden Rezepte erteilt oder Lösungswege erarbeitet? |

Abb. 37: Arbeiten (Aufgaben und Methoden)

| Beispielstandards | Fragen zur Selbstreflexion |
|---|---|
| Die Schülerinnen und Schüler<br>→ können das eigene Lebensumfeld verantwortlich mitgestalten;<br>→ können über eigenes soziales Engagement reflektieren und es dokumentieren;<br>→ können erzielte Ergebnisse evaluieren, ihren Arbeitsprozess reflektieren und Schlussfolgerungen für die weitere Arbeit ziehen;<br>→ können reflektieren und beschreiben, was sie dazu gelernt haben, und beurteilen, welche Techniken dafür hilfreich waren. | → Findet ein Austausch über Ziele, Erwartungen und Leistungen statt?<br>→ Sind Formen der Leistungsbeschreibung und -messung didaktisch integriert?<br>→ Ist klar, was man hier lernen kann?<br>→ Sind Rückmeldungen produkt- oder prozessorientiert?<br>→ Werden Leistungen „abgerechnet" oder wertgeschätzt?<br>→ Finden Eingangsdiagnosen und Schlussevaluationen statt?<br>→ Gibt es wechselseitige Feedback-Kultur? |

Abb. 38: Reflexion (Metakognition)

## 5.3.2 Lernentwicklung reflektieren, entwickeln und begleiten: das Lernentwicklungsgespräch

In aller Regel und die überwiegende Zeit ist die Lehrkraft im Unterricht mit ihrer Rolle allein, auch mit den Erfahrungen des Ge- oder Misslingens. Dieser Satz gilt überraschenderweise im Grunde auch für die Schülerinnen und Schüler. Natürlich sind die Lernenden im Schulalltag so gut wie nie allein. Die Frage ist aber, ob sie in ihren Lernprozessen, in ihren Erfolgen und ihrem Scheitern, sich selbst überlassen bleiben und ob die Begleitung solcher Prozesse als integrativer Bestandteil des Lehr-Lern-Verhältnisses verstanden wird. Der Ort, wo die Einsamkeit von Lehrkräften durchbrochen wird, findet sich in erster Linie in Aus- und Fortbildungssituationen oder dort, wo Kolleginnen und Kollegen auf

Zeit (in Phasen der kollegialen Trainingsmodelle) oder auf Dauer (in Formen des Team-Teaching) zusammenarbeiten. Auch dieser Satz gilt, natürlich unter anderen Vorzeichen und mit etwas anderen Rollen, für das Verhältnis von Lernenden untereinander sowie für das Verhältnis von Lehrkräften zu den Lernenden.

Bereits im vorausgegangenen Abschnitt wurden etliche Fragen formuliert, die so oder in modifizierter Form sowohl für das kollegiale Gespräch als auch für das unterrichtliche Gespräch geeignet wären: „Haben Sie ein Gefühl dafür, wie sich Ihre eigenen Gesprächsanteile zu denen der Schülerinnen und Schüler verhalten?" – „Habt ihr das Gefühl, ausreichend zu Wort gekommen zu sein?"

Fragen wie die letzte gehören jedoch eher zu einer unterrichtlichen Feedback-Kultur als zu einem individuellen Lernentwicklungsgespräch, um das es in diesem letzten Kapitel gehen soll. Gleichwohl sind die im Folgenden vorgeschlagenen Phasen, Fragen und Haltungen des kollegialen Unterrichtsgesprächs durchaus übertragbar auf das Verhältnis zwischen Lehrenden und Lernenden im sogenannten Lerncoachgespräch.

### 5.3.3 Phasen und Rollen im kollegialen Unterrichtsgespräch

Für die Strukturierung und den Ablauf des kollegialen Unterrichtsgesprächs (kUG) empfiehlt sich abermals der Dreischritt von Wahrnehmen – Deuten – Gestalten. Wichtig ist in allen Phasen des kUG die doppelte Betonung sowohl der Kollegialität als auch des Dialogcharakters eines solchen Gesprächs. Beide Akzente haben mit dem Rollenverständnis der Beteiligten und der damit verbundenen Haltung der Beteiligten zu tun. Kollegialität meint in diesem Zusammenhang nicht nur das Bewusstsein der gemeinsamen Profession, der Lehramtsanwärterinnen und -anwärter bzw. Referendarinnen und Referendare in gleicher Weise angehören wie Kolleginnen und Kollegen bis zur Schulleitung und Schulaufsicht. Gleichwohl sind in den meisten solcher Gesprächskonstellationen eine hierarchische Asymmetrie sowie eine Asymmetrie hinsichtlich von Erfahrungen gar nicht zu leugnen, wie sehr auch die Beratenden beteuern mögen, sie selbst lernten bei Beratungen am meisten hinzu. Die Rollen lauten dennoch in den meisten Fällen „Beratende(r)" und „zu Beratende(r)". Im Blick auf die Gesprächsführung bedeutet dies aber, dass es bei den Schritten des kUG nicht nur um die Mitteilung von Wahrnehmungen, Deutungen und Gestaltungsvorschlägen geht, sondern um den Abgleich zwischen Selbst- und Fremdeindrücken sowie um das Entwickeln autonomer und plausibler Handlungsalternativen. Unterrichtsentwicklung als Qualitätsentwicklung „muss immer die subjektiven Wahrnehmungen und Gelingensvorstellungen dessen mit einbeziehen, dessen didaktische Kompetenz entwickelt werden soll" (Ziener 2008, S. 148). Bei der nachstehenden Beschreibung von Vorschlägen für die Struktur eines kUG wird sich zeigen, wie groß die Gefahr und die Neigung sind, die drei unterscheidbaren Ebenen der Interaktion miteinander zu vermengen.

## Wahrnehmen

Wir Menschen verfügen auf dem Feld sozialer Interaktionen wie einer Unterrichtssequenz über unterschiedliche Wahrnehmungsorgane oder -kanäle. Wir hören Worte und Geräusche, aber wir hören nicht alle das Gleiche – und wir hören es unterschiedlich, weil wir Gehörtes verstehen wollen und damit deuten. Im Sinne der Wahrnehmung empfiehlt es sich für die Beratenden, im Unterrichtsverlauf Mitschriebe der für bedeutsam gehaltenen Worte und Sätze einschließlich den Seufzern oder anderen emotionalen Äußerungen anzufertigen. Dasselbe gilt für das, was wir sehen: Bewegungen im Raum, Emotionen in Gesichtern, Unterrichtsmaterial und Produkte. Am schwierigsten ist es mit dem, was wir fühlen. Wahrgenommen werden selbstverständlich sowohl die Lehrperson, als auch Äußerungen, Prozesse und Ergebnisse auf Seiten der Schülerinnen und Schüler. Für die Mitteilung und den Abgleich von Wahrnehmungen mit dem Ziel, daraus Schlüsse zu ziehen und Handlungsoptionen zu entwickeln, empfehlen sich drei Sprachformen, die am Schluss an die dritte Phase (Gestalten) geschildert werden. Das Subjekt der Selbstreflexion unterrichtlichen Handelns ist der oder die Unterrichtende selbst. Reflexion beginnt mit Selbstwahrnehmung und dem eigenen Erleben. Deshalb hat in jedem kUG der oder die Unterrichtende das erste Wort zur gesehenen Unterrichtssequenz.

## Deuten

Deutungen sind verarbeitete Wahrnehmungen. Aus Deutungen folgen, wenn überhaupt, die Konsequenzen. Konsequenzen erfolgen jedoch nur dann, wenn die entsprechende Person sich Deutungen und Interpretation zu eigen macht. Deutungen können deshalb nie erzwungen werden. Die Wahrnehmungen von Stille, Unruhe oder Geschäftigkeit der Schülerinnen und Schüler lässt niemals eindeutige und zwingende Schlüsse zu auf Konzentration, Abschweifen oder Lernaktivität.

## Gestalten

Der eigentliche Sinn des kUG ist die Entwicklung von Schlussfolgerungen und Perspektiven für die didaktische Arbeit. Auch hier gilt wieder, und zwar in besonderer Weise, dass das Subjekt von möglichen Veränderungen oder Handlungsoptionen zu beachten ist. Und dieses Subjekt kann nur der oder die Beratene sein. An dieser Stelle kommen die angesprochenen Asymmetrien womöglich am deutlichsten zum Ausdruck. Werden in dieser Phase des kUG Perspektiven entwickelt oder Zielvereinbarungen getroffen, so ist genau darauf zu achten, ob diese der betreffenden Person plausibel sind, ob sie gemeinsam entwickelt werden, ob sie auf eigener Überzeugung beruhen oder dem Prinzip der Erwünschtheit folgen.

Der in diesen drei Phasen angeratene Ton der Zurückhaltung auf Seiten der oder des Beratenden entspringt nicht einer Scheu vor Kritik, wie häufig eingewandt wird – „Meine Aufgabe besteht doch darin, den jungen Kolleginnen und

Kollegen etwas beizubringen!" und bisweilen als „Kuschelpädagogik" diskreditiert wird. Vielmehr gilt auch für den Lernprozess eines kollegialen Gesprächs das diesem Buch zugrunde liegende Lehr-Lern-Verständnis. Die Aufgabe und das Geschäft des Lernens ist niemandes' anderes als das der und des Lernenden selbst. Damit wird nicht die Aufgabe des Lehrens obsolet. Aber sie versteht sich in stetiger Wechselwirkung, allemal in einem kollegialen Verhältnis. Dies soll abschließend durch die folgenden Ratschläge zum Sprachgebrauch im Verlauf kollegialer Gespräche deutlich werden.

▶ *Satzaussagen*, am besten in der 1. Person Singular: „Mir ist aufgefallen, ich habe gesehen, ich habe gehört ..." Vorsichtig sollte man mit der Mitteilung von Gefühlen und atmosphärischen Eindrücken sein; ganz schwierig ist das Spekulieren über die Gefühle anderer. „Ich habe mich in Ihrer Stunde wohlgefühlt" ist erkennbar eine andere Mitteilung als: „Die Kinder haben sich in der Stunde gelangweilt."

▶ *Nachfragen*, ebenfalls aus der eigenen Perspektive: „Habe ich richtig verstanden, dass Sie ..."; „Können Sie mir noch einmal helfen, zu verstehen, weshalb Sie ..." Fragen können in unserem Sprachraum mitunter die verdeckte Botschaft von Deutungen oder Instruktionen transportieren. Die Botschaft der Frage: „An welcher Stelle fühlten Sie sich gestört?" ist eine andere als die der Frage: „Ist es bei Ihnen immer so unruhig?"

▶ *Impulse, Anregungen, Vorschläge*. Beim Wechsel von der Satzaussage zur Nachfrage wird bereits die Ebene des Deutens berührt, wobei darauf zu achten ist, ob Deutungen angeboten oder aufgedrängt werden. Bei der dritten Sprachform geht es bereits um das Entwickeln von Handlungsalternativen. Es hat sich überaus bewährt, überaus sparsam mit dem Konjunktiv umzugehen oder ganz darauf zu verzichten: „Ich hätte an Ihrer Stelle ..."; „Sie hätten ja auch ... können." Vorschläge und Anregungen sollten als solche erkennbar sein, womöglich durch eine Frage eingeleitet: „Darf ich Ihnen einen Vorschlag machen?"

## 5.3.4 Schlussbemerkung: kompetenzorientierte Didaktik und Menschenbild

Die Vielfalt der Lernvoraussetzungen auf Seiten der Schülerinnen und Schüler und das Aufzeigen und Abwägen didaktischer Antworten auf die Vielfalt ist das Thema dieses Buches. Der Buchtitel *Herausforderung Vielfalt* mag auf den ersten Blick wie eine reine Problemanzeige klingen, doch das wäre ein verfehlter Eindruck. Vielfalt ist zunächst lediglich die wertfreie Umschreibung des Umstandes, dass Schülerinnen und Schüler unterschiedlich sind, weil sie unverwechselbare Individuen und Persönlichkeiten mit eigenen Begabungen, Neigungen, Biografien und Prägungen sind. Bei näherem Hinsehen ergab sich, dass die Vielfalt von Lernvoraussetzungen sich aufspaltet in eine „Vielfalt von Vielfalten". Die Wahrnehmung und die Haltung, die Lehrkräfte gegenüber diesem Phänomen einnehmen, reicht nun in der Tat von einer bedrängenden und belastenden

Problemanzeige oder auch Überforderung bis hin zur geradezu euphorischen Entdeckung von „Vielfalt als Reichtum". Wer Vielfalt so wahrnehmen und deuten kann, verfügt damit noch nicht über alle Antworten, aber sicherlich über die beste Voraussetzung für den Umgang mit Vielfalt. Doch der Wandel von der Betrachtung von Vielfalt als Last oder Problem – Herbart sprach sogar vom „großen Hindernis aller Schulbildung"! – zur Betrachtung von „Vielfalt als Reichtum" – eine Formulierung, die im ganzen Buch bewusst nie gewählt wurde – gelingt nicht einfach dadurch, dass Wahrnehmungen, Erfahrungen „neu codiert" werden. Das soll heißen: Das, was Lehrkräfte bisher beschwert und belastet hat, lässt sich nicht einfach zum Reichtum und zum Segen umdeklarieren. Das Buch versucht vielmehr, einen Weg aufzuzeigen, der damit beginnt, die Vielfalt überhaupt erst als Herausforderung ernstzunehmen und anzunehmen. Von da aus führte der Weg von der wertschätzenden und würdigenden Wahrnehmung von Vielfalt über die Bestimmung und Differenzierung von Zielen zur reflektierten Wahl von Methoden, Aufgaben und Lernarrangements. Es versteht sich von selbst, dass der damit verbundene Aufwand sich lohnen sollte, dass er verbunden sein sollte mit einem Gewinn an Qualität. Das Verständnis von Qualität und die Kriterien für Qualität kreisen um die Formel vom „Wechsel von der lehrseitigen zur lernseitigen Haltung", bzw. der Integration lernseitiger Perspektiven in die lehrseitigen – kurz: der Verschränkung von Didaktik und Mathetik. Beides sind Beziehungsbegriffe, denn Bildung braucht Beziehung, und zu einer Beziehung gehören mindestens zwei: der- oder diejenige, die Bildungsprozesse anstößt, begleitet und bewertet – und diejenigen, die „sich bilden". Das ganze Buch handelt deshalb von der Kunst des Lehrens (Didaktik) unter Einschluss der Expertise über das Lernen (Mathetik), von dem berechtigten Qualitätsanspruch solcher Interaktionen – und von der dafür erforderlichen Haltung der Lehrkräfte. Eine Kunst des Lehrens unter Einschluss der Expertise über das Lernen, die sich bewusst ist, wie sehr sie auf Beziehung angewiesen ist, ist eine techne (griech.), also eine Kunstfertigkeit im wahrsten Sinne des Wortes, die immer auch Gefahr läuft, als Technik im modernen Sinne, also eine Kunst des Anfertigens, missverstanden zu werden. In jedem Beziehungsgeschehen stellt sich deshalb unweigerlich die Frage nach dem zugrundeliegenden Menschenbild. Zwei abschließende Bemerkungen sollen dies noch einmal erläutern.

An etlichen Stellen dieses Buches konnte – und wollte! – ich nicht verleugnen, dass ich das Buch als Theologe und Religionspädagoge geschrieben habe. Mein Metier ist, um die Begrifflichkeit von Jürgen Baumert aufzunehmen, die Beschäftigung mit „Problemen der konstitutiven Rationalität" (Baumert 2002, S. 113). Das heißt, es geht um jenen Ausschnitt von theoretischer und praktischer Vernunft, für den Dimensionen und Begriffe wie Sinn, Würde und Transzendenz konstitutiv, also wesentlich, sind. Den anderen drei „Modi der Weltbegegnung" – der „kognitiv-instrumentelle(n) Modellierung" (Mathematik, Naturwissenschaften), der „ästhetisch-expressive(n) Begegnung und Gestaltung" (Sprache/Literatur, Musik/Malerei/Bildende Künste, Physische Expression) und der „normativ-evaluative(n) Auseinandersetzung mit Wirtschaft und Gesellschaft" (Geschichte, Ökonomie, Politik/Gesellschaft/Recht) – sind Kategorien wie Sinn und Würde nicht fremd, aber eben nicht wesentlich. Die Kategorien von (unverlierbarer und nicht begründungsbedürftiger) Würde aller Menschen, von (nicht erzeugbarem, aber mich bestimmendem) Sinn sowie die Erfahrung und Überzeugung von der Möglichkeit, eigene Erfahrungs- und Deutungsmuster zu überschreiten (Transzendenz), prägen dieses Buch in zweifacher Weise. Das ganze Buch kreist um die Fokussierung von Lern- und Bildungsprozessen auf die Lernenden und so v. a. um deren Können. Weil wir Menschen in unserem Lernen und Können unvertretbar sind, spielt dabei der Begriff des Individuums eine wichtige Rolle. Lernende, und zwar jede und jeder Einzelne, auf ihr Können zu fokussieren, darf aber nicht bedeuten, sie darauf zu reduzieren. Menschen sind individuelle, das heißt unteilbare Subjekte, das ist wahr. Aber ebenso wahr ist, dass sie Persönlichkeiten sind, das heißt, als Subjekte sind sie Gemeinschaftswesen. Sie gehen nicht auf in dem, was sie individuell können; sie lernen mehr und anderes, als ausschließlich ihre Kompetenzen zu erweitern; und sie lernen im Dialog und Austausch, sie lernen im gemeinsamen Leben und Erleben, das nicht im technischen Sinne „operationalisierbar" ist, sondern sich schlicht ereignet. In meinem Buch *Bildungsstandards in der Praxis* (Ziener 2008) habe ich deshalb formuliert:

> Schülerinnen und Schüler müssen es der Schule und allen in ihr Verantwortlichen Wert sein, in ihren Fähigkeiten gestärkt zu werden. Gleichwohl wäre das Menschenbild der Schule nicht human, wenn nicht auch zum Ausdruck käme: Unterricht ist immer auch mehr und anderes als Kompetenzerwerb. … Zu den Grundrechten auf Befähigung gehört immer auch ein zweiter Satz: Alle Ertüchtigung, alle Befähigung gelingt nur in dem Wissen, dass wir mehr sind als die Summe unserer Kompetenzen.
>
> (Ziener 2008, S. 140)

Dieser Satz bedarf einer Ergänzung. Lehrkräfte, so ist meine feste Überzeugung, wollen ihre Sache gut machen und geben dafür ihr Bestes. Damit sind sie für die Aufgaben, die heute anstehen und morgen vor ihnen liegen, bestens präpariert. Sie wollen – und sollten! – nicht mit unerfüllbaren Zusatzaufgaben konfrontiert, sondern in dem Gefühl bestärkt werden, dass sie das, was sie künftig können müssen, längst können. Sie müssen weder Schule noch Bildung neu erfinden, denn sie werden ohnehin immer nur das tun, was sie einsehen und was den Aufwand lohnt, weil es Gewinn verspricht. Das ist nicht wenig und nichts anderes als der Wechsel von der lehrseitigen zur lernseitigen Haltung – nur auf der Ebene der Lehrenden. Und auch hier gilt: auch Professionslernen ist ein Prozess. Niemand muss alles können, aber niemand kann nichts, denn *nichts können kann man nicht können*. Tun Sie, was Sie können – und Sie werden Erstaunliches bewirken!

133

# Literatur

Auernheimer, G. (1996): Mit kultureller Differenz umgehen lernen. In: Pädagogik (11), S. 50–52.

Baumert, J. (2002): Deutschland im internationalen Bildungsvergleich. In: Killius, N. u.a. (Hg.): Die Zukunft der Bildung. Frankfurt/M., S. 100–150.

Bohl, T. (2004): Prüfen und Bewerten im Offenen Unterricht. Weinheim.

Bohl, T. (2014): Fördern im Unterricht. Unterrichtskonzepte setzen den Rahmen – die Qualität steckt im Detail. In: Fördern. Friedrich Jahresheft. Seelze, S. 39–42.

Buber, M. (1949): Die Erzählungen der Chassidim. Zürich.

Brünning, L./Saum, T. (2009): Erfolgreich unterrichten durch Kooperatives Lernen. Strategien zur Schüleraktivierung. Essen.

de Saussure, F. (1967): Grundfragen der allgemeinen Sprachwissenschaft. In: Helbig, G. (1981): Geschichte der neueren Sprachwissenschaft. Opladen.

Deutsche Gesellschaft für Geografie (DGfG) (2007): Bildungsstandards im Fach Geografie für den Mittleren Schulabschluss. Berlin.

Donabedian, A. (1980): The Definition of Quality and Approaches to Its Assessment, Explorations in Quality Assessment and Monitoring. Band 1. Health Administration Press.

Freinet, C. (1980): Pädagogische Texte. Mit Beispielen aus der praktischen Arbeit nach freinet. Hamburg.

Green, N./Green, K. (2005): Kooperatives Lernen im Klassenraum und im Kollegium. Das Trainingsbuch. Seelze.

Groeben von der, A./Kaiser, I. (2012): Werkstatt Individualisierung. Hamburg.

Hallet, W. (2011): Lernen fördern Englisch. Kompetenzorientierter Unterricht in der Sekundarstufe I. Seelze.

Hardeland, H. (2013): Lerncoaching und Lernberatung. Lernende in ihrem Lernprozess wirksam begleiten und unterstützen. Ein Buch zur (Weiter-)Entwicklung der theoretischen und praktischen (Lern-)Coachingkompetenz. Baltmannsweiler.

Hallet, W. (2011): Lernen fördern: Englisch. Kompetenzorientierter Unterricht in der Sekundarstufe I. Seelze.

Hattie, J. (2013): Lernen sichtbar machen. Deutschsprachige Ausgabe von „Visible Learning", besorgt von Wolfgang Beywl und Klaus Zierer. Baltmannsweiler.

Helbig, G. (1981): Geschichte der neueren Sprachwissenschaft. Opladen.

Hentig, H. von (1985): Ein Plädoyer für die Wiederherstellung der Aufklärung. Stuttgart.

Hentig, H. von (2004): Einführung in den Bildungsplan Baden-Württemberg. Stuttgart.

Herbart, J.-F. (1808): Allgemeine Pädagogik aus dem Zweck der Erziehung abgeleitet. (Hrsg. von Holstein, H.) Bochum.

Hering, J./Hövel, W. (Hrsg.) (1999[2]): Immer noch der Zeit voraus. Bremen. Original in: Freinet, C. (1967): Les dits de Mathieu. Paris.

Heymann, H. H. (2008): Kulturtechniken – neu betrachtet. In: Pädagogik (60), S. 44–49.

Klieme, E./Avenarius, H./Blum, W./Döbrich, P./Gruber, H./Prenzel, M./Reiss, K./Riquarts, K./Rost, J./Tenorth, H.-E./Vollmer, H. J. (2003): Zur Entwicklung nationaler Bildungsstandards. Expertise, hrsg. vom Bundesministerium für Bildung und Forschung. Bonn.

KMK (2003): Bildungsstandards im Fach Mathematik für den mittleren Bildungsabschluss. Beschluss vom 4. Dezember 2003.

KMK (2004a): Beschluss zum Fach Biologie für den mittleren Schulabschluss vom 16. Dezember 2004.

KMK (2004b): Standards für die Lehrerbildung: Bildungswissenschaften, Beschluss der Kultusministerkonferenz vom 16.12.2004.

KMK (2004c): Leitideen für das Fach Mathematik, Beschluss der Kultusministerkonferenz vom 16.12.2004.

KMK (2005): Einheitliche Prüfungsanforderungen in der Abiturprüfung. Geschichte. Beschluss der Kultusministerkonferenz vom 01.12.1989 i. d. F. vom 10.02.2005.

# Methoden erfinden, anpassen und verändern

GERHARD ZIENER | MATHIAS KESSLER

## Kompetenzorientiert unterrichten – mit Methode

**Methoden entdecken, verändern, erfinden**

16 x 23 cm, 216 Seiten, inkl. Downloadmaterial

*ISBN 978-3-7800-1089-6, € 24,95*

Der didaktische Ansatz der Kompetenzorientierung zielt auf einen Lernbegriff, der einen besonderen Fokus auf die Lernenden als Subjekte richtet, auf ihre je eigenen Lernprozesse. Aber wie können lernförderliche Arrangements, intelligente Aufgaben und vor allem Methoden in der Praxis aussehen?

Das Buch bietet Lehrerinnen und Lehrern Hilfestellung bei der Umsetzung eines kompetenzorientierten Unterrichts, der seine ganz eigene Methodik erfordert. Von anderen Methodensammlungen unterscheidet sich dieser neue Praxisband vor allem dadurch, dass er keine Sammlung von ausgearbeiteten Methoden als fertiges Rezept präsentiert, sondern methodische Anleitungen zum Finden und Erfinden, Anpassen und Verändern von Methoden für kompetenzorientiertes Lehren und Lernen gibt.

Alle Preise zzgl. Versandkosten, Stand 2016.

**Fachbuch**

Unser Leserservice berät Sie gern:
Telefon: 0511/4 00 04 -150
Fax: 0511/4 00 04 -170
leserservice@friedrich-verlag.de

Die Downloadmaterialien enthalten zahlreiche Arbeitsblätter und vertiefende Materialien für Ihren Unterricht.

**www.klett-kallmeyer.de**